普通高等教育“十四五”精品教材
——素质教育类

现代礼仪学

（第2版）

主　编◎龚　波　陈保健
副主编◎罗鸿洁　朱斐然

西南交通大学出版社
·成　都·

图书在版编目（CIP）数据

现代礼仪学 / 龚波，陈保健主编．—2 版．—成都：西南交通大学出版社，2022.1

ISBN 978-7-5643-8485-2

Ⅰ．①现… Ⅱ．①龚… ②陈… Ⅲ．①礼仪 – 高等学校 – 教材 Ⅳ．①K891.26

中国版本图书馆 CIP 数据核字（2021）第 263133 号

Xiandai Liyixue

现代礼仪学

（第 2 版）

龚 波　陈保健　主编

责任编辑	李晓辉
封面设计	GT 工作室
出版发行	西南交通大学出版社 （四川省成都市金牛区二环路北一段 111 号 西南交通大学创新大厦 21 楼）
发行部电话	028-87600564　028-87600533
邮政编码	610031
网址	http://www.xnjdcbs.com
印刷	成都中永印务有限责任公司
成品尺寸	185 mm × 260 mm
印张	10.25
字数	256 千
版次	2015 年 8 月第 1 版 2022 年 1 月第 2 版
印次	2022 年 1 月第 5 次
书号	ISBN 978-7-5643-8485-2
定价	30.00 元

课件咨询电话：028-81435775

图书如有印装质量问题　本社负责退换

前　言

大学生礼仪教育是素质教育的重要内容。礼仪教育有利于强化大学生的文明行为，提高文明素质，也是大学生建立良好人际关系、提高社会心理承受力的有效途径，有利于大学生的健康成长。对大学生进行礼仪教育具有十分重要的现实意义和长远的社会意义。

但是，有不少礼仪教材在教学内容上已经明显落后于社会的发展，不能适应学生学习礼仪知识的需要。为了满足学生学习礼仪知识，提高文明素质的需要，也为了满足社会职能部门培训职工，提高职工文明素质的需要，我们专门编写了本教材。在编写过程中，我们力图使教材体现时代性、实用性和新颖性的特点，并从心理学、美学、语言学、伦理学、民俗学、公共关系学等学科领域，全面细致地总结了人际交往中的各种礼仪规范，同时精选案例进行讲解、分析，意在提高学生的文明礼貌素质，帮助学生营造良好的学习、生活和工作氛围，架起通向成功的桥梁。它既可作为教学用书，也可作为培训参考用书。

本书在编写过程中不同程度地引用了国内外专家、学者的相关资料，由于客观原因不便一一注出，在此谨向他们表示感谢！对于书中欠妥之处，敬请读者指正。

编　者

2021 年 6 月

目　录

第一章　礼仪的内容与原则

礼仪是人类为维系社会正常生活而要求人们共同遵守的最起码的道德规范，它是人们在长期共同生活和相互交往中逐渐形成的，并且以风俗、习惯和传统等方式固定下来。对一个人来说，礼仪是一个人的思想道德水平、文化修养、交际能力的外在表现；对一个社会来说，礼仪是一个国家社会文明程度、道德风尚和生活习惯的反映。重视、开展礼仪教育已成为道德实践的一项重要内容。

第一节　礼仪的内容

一、礼仪的含义及重要性

（一）礼仪的含义

礼仪是人们在社会交往活动中，为了相互尊重，在仪容、仪表、仪态、仪式、言谈举止等方面约定俗成并共同认可的行为规范的总和。礼仪的实质就是体现真诚的爱心、善良的道德情感和对他人的尊重关照。

礼仪包括礼貌（如说“早上好”）、礼节（如中秋节给亲朋好友发信息）和仪式（有规范的流程，如婚礼、开业典礼）。

首先，礼仪是一种准则或规范。一个人要进入某地域，就要对那里的习俗和行为规范有所了解，并按照这样的习俗和规范约束自己的言行。这也就是我们平常讲的入乡随俗，入国问禁。

其次，礼仪准则或规范是一定社会的人们约定俗成、共同认可的行为规范。在社会实践中，礼仪往往首先表现为一些不成文的规矩、习惯，然后才逐渐上升为大家认可的，可以用语言、文字、动作进行准确描述的规定的行为准则，并成为人们自觉学习和遵守的行为规范。礼仪虽然有一定的强制性，但我们对违反了礼仪规范的人，只能从道义上进行谴责。

最后，礼仪可以有效地展现施礼者和受礼者的教养、风度与魅力，是一个人的学识、修养和价值的外在表现。一个人只有在尊重他人的前提下才会被他人尊重，人与人之间的和谐关系也只有在这种互相尊重的过程中才能逐步建立起来。遵守礼仪是人获得成功的重要手段和途径之一。

礼仪作为社会规范，是约定俗成的。任何一种规范都带有约束性，都不可能指望得到全体社会成员的一致认可和自觉遵守。因为人与人之间是有差异的，对规范的认识态度也会有差异。违反礼仪规范的行为会受到社会舆论的谴责，从而使该行为人的良心受到鞭笞，以唤起他的良知，规范他的行为，从而建立起融洽、和谐、美好的社交礼仪环境。

礼仪是体现一定社会道德观念和风俗习惯，表达人们礼节动作、容貌举止的行为准则，是人类社会共同遵守的最简单、最起码的道德行为规范。它属于社会公德的范畴，是在人们长期共同生活和相互交往中逐渐形成的，并以风俗、习惯和传统等形式固定下来。礼仪，是中华传统美德宝库中的一颗璀璨明珠，是中国古代文化的精髓。身居礼仪之邦，应为礼仪之民。知书达理，待人以礼，应当是当代大学生的一项基本素养。

目前在我们校园里仍有许多不知礼、不守礼、不文明的行为，还有许多与大学生的礼仪修养、精神文明建设极不相称的现象。可见，对大学生进行社交礼仪教育具有跨时代、跨世纪的特殊意义。

从外延的角度看，礼仪是礼节、仪式的统称，是指人际交往中，自始至终以一定的、约定俗成的程序或方式来表现的律己、敬人的完整行为。

1. 礼仪是一种礼貌、礼节行为

礼貌行为可以分为三类：

第一，公共场所最起码的行为准则。例如：尊老爱幼，礼貌待人等。

第二，私人交往时最起码的礼节。例如：礼尚往来，来而不往非礼也。

第三，私人生活中最起码的行为习惯。例如：爱护环境卫生，讲究个人卫生。

礼貌行为具体体现在遵守秩序、言而有信、敬老尊贤、待人和气、仪表端庄和讲究卫生等方面。

礼节是人们在日常交往和公开交际场合中相互表示尊重、祝愿、问候、慰问、哀悼以及给予必要的帮助和照料的惯用形式，是礼貌在行为、语言和仪态等方面的规则化。礼节和礼貌的关系是：没有礼节，就无所谓礼貌；有了礼貌，就必然伴有具体的礼节。我们多数人可能会做出有礼貌却不符合礼节的事情，容易造成失礼；反之，若懂礼节，但心不诚，不尊重别人，则会使对方感到不舒服，从而增加心理上的距离感。

2. 礼仪是指人的仪容、仪表和仪态

仪容通常指一个人的外貌，故又称“容貌”。

仪表是指人的外在形象，包括人的表情、衣着和修饰等方面的内容，体现了一个人的精神风貌和文明程度。礼仪中的仪表美是什么呢？仪表美是人的美在空间上的静态展现。恰当的衣着、装扮与修饰本身就是很好的礼仪，仪表美是个人礼仪中的重要内容。俗话说：“人靠衣服，马靠鞍。”“人要衣装，佛要金装。”“三分长相，七分打扮。”一个人的衣着服饰不仅能反映出修养与魅力，也能反映出爱好、情趣等许多内在的品德。

仪态主要指人的姿态、举手投足。礼仪中的仪态美是什么呢？仪态美是人的形态美在时间上的动态展示。中国有句古语：“坐如钟，站如松，行如风，卧如弓。”由此可见，我们中华民族自古就对人们的仪态美有着较高的审美情趣。随着东西方文化的交流与发展，人们对仪态美有了更科学的要求。在礼仪中，优雅的表情、得体的动作与姿态就是一个人风度和修养的主要表现。

3. 礼仪是情感互动的过程

礼仪在实施过程中，既有施礼者能动的控制行为，又有受礼者制动的反馈行为。这种能动与制动、控制与反馈的行为活动是一个双向互动的情感交流过程，充满着人情味。

礼俗即民俗礼仪，是指各种风俗习惯，是礼仪的一种特殊形式。礼俗是在历史发展过程中形成的，普及于社会和群体之中并根植于人们心理之中，是在一定的环境中经常重复出现的行为方式。“十里不同音，百里不同俗。”每一个民族、每一个地区，都有自己的风俗习惯。

（二）礼仪的重要性

首先，学习礼仪是传承文明的需要。我国是世界四大文明古国之一，古老的中华民族自古以来就享有“礼仪之邦”的美称。中华民族源远流长，在五千年悠久的历史长河中，不但创造了灿烂的文化，而且形成了古老民族传统美德。在博大精深的伦理文化遗产中，很多优良的、传统的礼仪规范直至今天仍然有很强大的生命力，它们是中华民族宝贵的精神财富。“孔融让梨”“程门立雪”等故事淋漓尽致地体现了中国人的礼仪所在。作为中华民族的传承人——青少年，有责任继承和发扬中华民族五千年文化精髓，向世界传播中国“礼仪之邦”的美称。

其次，学习礼仪是时代发展的需要。如今，世界发生了巨大变化，人类社会是以文明、和平、发展为主流的信息社会，人与人之间的交往与合作日渐频繁、密切。在交往与合作的过程中，人们的礼仪是否周全，不仅显示其修养素质，而且直接影响到其事业、业务的成功与否。随着时代的发展，人们对社会群体的精神文明要求越来越高，人人都在寻求一种充满友爱、真诚、互助的温馨和谐的生存环境，寻求充满文明与友善、真诚与安宁的空间。前进的社会呼唤文明，科学的未来呼唤文明。文明礼仪是精神文明的一个重要内容，是一个人道德品质的外在表现，是衡量一个人教育程度的标尺，文明礼仪养成教育不仅是个体道德、品质和个性形成的基础教育，也是提高全民族道德素质、振兴民族精神及建设社会主义精神文明的基础教育。因此，学校必须抓好大学生文明礼仪教育，这是时代的需要，是提高全民族素质的需要，也是社会主义精神文明建设的需要。

最后，学习礼仪是青少年成长的需要。一个注重自身修养，重礼仪的人才可能成为优秀的人、有用的人、品行兼优的人。孟子说：“敬人者，人恒敬之；爱人者，人恒爱之。”充分说明“礼”是何等重要。青少年是祖国的未来、祖国的希望，加强大学生文明礼仪养成教育至关重要。小部分同学在学校里不会尊重他人，不礼让，不礼貌；在社会上不懂得称呼他人，甚至满口粗言。这些现象应该引起我们的深思。同时，与人为善、礼尚往来等美德在相当数量的孩子身上淡化。为了孩子们的健康成长，我们必须加强对他们的文明礼仪教育。

礼仪在实施过程中，包含施礼者和受礼者的双向情感交流，充满着人情味，这种人情味主要体现在施礼者与受礼者之间的互相尊重中。现在我们对于礼仪的认识，接受了西方平等尊重的观念，即对人的普遍尊重，包括对人的个性、地位、历史、外貌、性别、年龄、选择等的尊重。这是一种尊重互换，情感互动。苏霍姆林斯基说得好："只有尊重别人的人，才有权受人尊敬。"

要对人表示尊重，就必须约束自己。只有约束自己的个性，约束自己的要求，并设身处地为他人着想，考虑对方的需求和愿望，才能理解、体谅别人，最终达到尊重他人的目的。毫无关心他人之心，就根本谈不上礼仪。

二、礼仪的基本内容

礼仪是社会多数人所认可和约定俗成的社会规范和程序，在不同的场合下，有不同的礼仪。依据其适用对象和适用范围的不同，礼仪包括以下基本内容。

（1）一般礼仪。包括礼仪的本质、特性，礼仪的起源和历史演变，礼仪的功能和原则，等等。

（2）个人礼仪。包括言谈、举止、服饰等方面的礼仪要求。

（3）大学生礼仪。指大学生在学习生活中对待同学、老师和朋友应该遵守的礼仪规范。

（4）教师礼仪。指教师在自己的职业工作中，对待他人需要遵守的礼仪规范。

（5）家庭礼仪。礼仪在家庭及亲友交往范围内的运用是家庭礼仪，它包括家庭称谓、问候、祝贺与庆贺、赠礼、家宴及家庭应酬等礼仪规范。

（6）社交礼仪。从家庭走向社会，进行社会交往，是礼仪行为向大社会的拓展。社交礼仪通常包括见面与介绍礼仪、拜访与接待礼仪、交谈与交往礼仪、宴请与馈赠礼仪、舞会与沙龙礼仪、社交禁忌等。

（7）公务礼仪。公务礼仪是人们在公务活动过程中所应遵循的礼仪规范。它存在着自身的特殊性。在礼仪的一般原则指导下，把握公务活动过程特殊的礼仪规范，可以提高公务活动的效率和成功率。公务礼仪通常包括工作礼仪（如工作汇报、办公室礼仪等）、会议礼仪、公文礼仪、公务迎送礼仪，等等。

（8）礼仪文书。礼仪文书是人们在日常交往过程中，用书信和其他文字方式表达情感的礼仪形式。通过礼仪文书，可以达到彼此交流思想、互通信息、加深友谊的目的。常用的礼仪文书有：礼仪书信（如邀请信、贺信、感谢信等）、礼仪电报、请柬、名片、贺年片、题词、讣告、唁电、碑文，等等。

（9）商务礼仪。商务礼仪与一般的人际交往礼仪不同，它体现在商务活动的各个环节之中。对于企业来说，从商品采购到销售，从商品销售到售后服务等，每个环节都与本企业的形象息息相关。因此，商业企业及其每一个成员如果能够时时按照商务礼仪的要求去开展工作，塑造企业的良好形象，那对于促进商品销售，将会起到极其重要的作用。商务礼仪主要包括柜台待客礼仪、商务洽谈礼仪、营销礼仪、商业仪式，等等。

（10）习俗礼仪。不同的国家、不同的民族存在着不同的风俗习惯，充分了解这些风俗习惯，并在社交往来中自觉尊重这些风俗习惯，有助于促进交往的成功。习俗礼仪的内容主要包括日常生活礼俗、岁时节令礼俗、人生礼俗（如婚嫁礼俗、丧葬礼俗）等。

第二节　礼仪的原则

一、礼仪的特点

礼仪具有以下几个方面的特点。

1. 普遍认同性

所谓“认同性”，主要指礼仪是全社会约定俗成的，是全社会共同认可、普遍遵守的准则。一般来说，礼仪代表一个国家、一个民族、一个地区的文化习俗特征。但我们也看到不少礼仪是全世界通用的，具有全人类的共同性。例如，问候、打招呼、礼貌用语、各种庆典仪式、签字仪式，等等，大体是世界通用的。

礼仪的普遍认同性，主要源于共同的经济生活和文化生活。经济的发展在一定程度上将导致礼仪的变化。比如现代经济的快节奏、高效率，使现代礼仪向简洁、务实方向发展。共同的文化涵育了共同的礼仪。礼仪的普遍认同性表明社会中的规范和准则必须得到全社会的认同，才能在全社会中通用。

2. 规范性

所谓“规范性”，主要指它对具体的交际行为具有规范性和制约性。这种规范性本身所反映的实质是一种被广泛认同的社会价值取向和对他人的态度。无论是具体言行还是具体的姿态，均可反映出行为主体的内在品质（包括思想、道德等）和外在的行为标准。

3. 广泛性

所谓“广泛性”，主要指礼仪在整个人类社会的发展过程中普遍存在，并被人们广泛认同。礼仪无处不在，无时不有。

4. 沿袭性

所谓“沿袭性”，是指礼仪形成本身是个动态发展的过程，是在风俗和传统变化中形成的行为规范。礼仪在这种发展变化中表现为继承和发展。礼仪一旦形成，就有一种相对独立性。我们今天的礼仪形式就是从昨天的历史中继承下来的，有不少优秀的还要继续传承下去。

世界上任何事物都是发展变化的，礼仪虽然有较强的相对独立性和稳定性，但它也毫不例外地随着时代的发展而发展变化。社会交往扩大，各国各民族的礼仪文化都会互相渗透，中华礼仪在保持传统民族特色的基础上，产生了更文明、更简洁、更实用的变化。

二、礼仪的基本原则

为什么普及礼仪这么难呢？一个重要的原因就是很多人不重视。有些人认为礼仪是假招子，讲不讲礼仪无所谓。成功学家拿破仑·希尔说：“世界上最廉价、而且能得到最大收益的一项特质，就是礼节。”人人都渴望成功，但是离礼仪有多远，离成功就有多远。美国Syracuse大学管理学院的研究人员曾经对《幸福》杂志所列的100家大公司的高级执行经理和人事主管同时进行了全面调查。调查结果显示，英国93%和美国96%的公司经理一致认为礼仪和个人形象对于获得成功非常重要。为了弘扬文明礼仪，我们必须遵守以下基本原则。

1. 自觉遵守的原则

在交际应酬时，每一位参与者都必须自觉、自愿地遵守礼仪，用礼仪去规范自己在交际活动中的言行举止。任何人，不论身份地位高低、职位高低、财富多寡，都有自觉遵守、应用礼仪的义务，都要以礼仪去规范自己的一言一行、一举一动。如果违背了礼仪规范，会受到社会舆论的谴责，自然交际就难以成功。

2. 自律的原则

礼仪规范由对待个人的要求与对待他人的做法两大部分构成。对待个人的要求即自律，是礼仪的基础和出发点。学习、应用礼仪，最重要的就是要自我要求、自我约束、自我控制、自我对照、自我反省和自我检点。

3. 敬人的原则

在礼仪的两大构成部分中，有关对待他人的做法这一部分，比对待个人的要求更为重要，这一部分实际上是礼仪的重点与核心。而对待他人的诸多做法之中最要紧的一条，就是要敬人之心常存，处处不可失敬于人，不可伤害他人的个人尊严，更不能侮辱对方的人格，掌握了这一点，就等于掌握了礼仪的灵魂。

礼仪最重要的核心是敬人。礼仪的“礼”字指的是尊重，即在人际交往中既要尊重自己，也要尊重别人。我们常说“礼多人不怪”，如果你重视别人，别人就可能重视你。礼仪的“仪”字，顾名思义，仪者仪式也，即尊重自己、尊重别人的表现形式。总之，礼仪是尊重自己、尊重别人的表现形式，进而言之，礼仪其实就是交往艺术，就是待人接物之道。礼仪具有种豆得豆的效应，敬人者，人恒敬之。

4. 宽容的原则

宽容是指要求人们在实际活动中运用礼仪时，既要严于律己，更要宽以待人。要多容忍他人、体谅他人、理解他人，千万不要求全责备、斤斤计较、咄咄逼人。唯有宽容才能排除人际交往中的各种障碍。

5. 平等的原则

在礼仪的核心点，即尊重交往对象、以礼相待这一点上，对任何交往对象都必须一视同仁，给予同等程度的礼遇。不允许因为交往对象彼此之间在年龄、性别、种族、文化、职业、身份、地位、财富以及与自己的关系亲疏远近等的不同，采取不同的对待方式。

6. 从俗的原则

由于各国国情、民族、文化背景有所不同，我们应以“入乡随俗，入国问禁”为原则，与当地绝大多数人的习惯做法保持一致。尊重别人的习惯，就是尊重别人。切勿目中无人、自以为是。

7. 真诚的原则

在人际交往中运用礼仪时，务必诚信无欺，言行一致，表里如一。只有自己在运用礼仪时表现出对交往对象的尊敬与友好，才会更好地被对方理解并接受。

礼仪的运用基于对他人的态度，如果能抱着诚意与对方交往，那么你的行为自然而然地便显示出对对方的关切与爱心。唯有真诚，才能使你的行为举止自然得体；与此相反，倘若仅把运用礼仪作为一种道具和伪装，在具体操作礼仪规范时口是心非，言行不一，弄虚作假，投机取巧，或是当面一个样，背后一个样，有求于人时一个样，被人所求时又一个样，将礼仪等同于“厚黑学”，是违背礼仪的基本原则的。

8. 适度的原则

礼仪能让对方愉快，让交往更加顺利。礼仪的规范和“度”都应视场合和对象的不同而有所调整，否则会太机械太死板。

凡事过犹不及，人际交往要因人而异，要考虑时间、地点、环境等条件。施礼过度或不足，都是失礼的表现。比如见面时握手时间过长，或是见谁都主动伸手，不讲究主次、长幼、性别；告别时一次次地握手，或是不住地感谢，让人觉得厌烦。礼仪的施行只是内心情感的表露，只要内心情感表达出来，就完成了礼仪的使命。

9. 合作为金

信任是一种美德，时代需要团队合作精神。“团队精神”就是协作精神、奉献精神和敬业精神，有问题互相协作、补充。这样的集体给人温馨的感觉，这样的团队没有克服不了的困难。

三、礼仪的作用与功能

1. 礼仪教育有利于大学生与他人建立良好的人际关系，形成和谐的心理氛围，促进大学生的身心健康

任何社会的交际活动都离不开礼仪，而且人类越进步，社会生活越社会化，人们也就越需要礼仪来调节社会生活。礼仪是人际交往的前提条件，是交际生活的钥匙。

大学生一般都远离家乡父母，过着集体生活，与其他同学处在平等位置，失去了以前那种对父母的无条件的依赖。因此，参加人际交往活动，并在交往过程中获得友谊，是适应新的生活环境的需要，是从“依赖于人”的人发展成“独立”的人的需要，也是大学生成功地走向社会的需要。事实上，在大学期间，能否与他人建立良好的人际关系，对一个人的成

长和学习有着十分重要的影响。

让大学生学习礼仪的基本规范和知识，掌握交往技巧，积累交往经验，在交往过程中学会遵循相互尊重、诚信真挚、言行适度的原则，就能很快与交往对象接近，互相熟悉、理解和尊重。

实践表明，良好的人际交往有助于提高大学生的自信和自尊，降低挫折感，缓解内心的冲突和苦闷，宣泄愤怒、压抑和痛苦，减少孤独、寂寞和空虚等。这些都十分有益于大学生身心健康，使大学生最大限度地避免不良情绪的产生，即使产生了不良情绪也能够得到有效的排遣。

2. 礼仪教育有利于促进大学生的社会化，提高社会心理承受力

人在社会化过程中，需要学习的东西很多，而社交礼仪教育是一个人在社会化过程中必不可少的重要内容。因为，礼仪是整个人生旅途中的必修课。任何一个生活在某一礼仪习俗和规范环境中的人，都自觉或不自觉地受到该礼仪的约束。自觉地接受社会礼仪约束的人，就会被人们评价为“成熟的人”“符合社会要求的人”。反之，一个人如果不能遵守社会生活中的礼仪要求，就会受到人们的排斥，社会就会以道德和舆论的手段来对他加以约束。

大学生堪称“准社会人”，他们有一种强烈地走向社会的需要，同时又普遍存在一些心理困惑，比如，如何建立良好的人际关系，如何进行自我形象设计，如何尽快地适应社会生活等。然而大学生的社会心理承受力直接影响到交际活动的质量。一个具有良好心理承受力的人，在交际活动中遇到各种情况和困难时，都能始终保持沉着稳定的心理状态，根据所掌握的信息，迅速采取最合理的行为方式，化险为夷，争取主动。对大学生进行礼仪教育，让大学生掌握符合社会要求的各种行为规范，不仅可以满足大学生走向社会的需要，更好地促进大学生社会化，而且还可以培养大学生适应社会生活的能力，提高他们的社会心理承受力。

3. 礼仪教育有利于对大学生进行思想道德教育，提高思想道德素质

目前，在不少高校中存在着这样的现象：学生学的是高层次的道德规范，实际行为却往往达不到基础道德的水平。这与礼仪教育的缺乏是分不开的。礼仪是一种非法律规范，社会礼仪反映了人们在共同生活、彼此交往中最一般的道德关系，是保证交往活动顺利进行和社会生活保持正常秩序的重要因素。礼仪是一门具有较强的实践性和实用性的学科。对大学生进行系统的礼仪教育可以丰富他们的礼仪知识，让他们明确地掌握符合社会主义道德要求的礼仪规范，并指导他们在实际生活中如何按照社交礼仪规范来约束自己的行为，把内在的道德品质和外在的礼仪形式有机地统一起来，成为名副其实的有较高道德素质的现代文明人。

4. 礼仪教育有利于对大学生进行人文知识教育，提高大学生的人文素质

文化素质教育主要指通过人文学科的教育去塑造和培养大学生的内在品格和修养，也就是塑造大学生具有高尚的精神境界和高品位的文化境界。人文教育有明显的教化功能。它作用于人的情感状态，影响和改变人的价值观、人生观、个性等，最终目标是让大学生学会与他人相处，学会做文明人。礼仪教育涵盖了中华民族的文化教育和道德教育。可见，社交礼仪教育更能直接地教会大学生如何与人相处，如何做文明人。因此，礼仪课完全可以纳入高

校人文素质教育的课程之列，作为大学生的必修课，在高校中推广和普及，这有助于将大学生的人文素质教育落到实处。

5. 礼仪教育有利于强化大学生的文明行为，提高文明素质，促进社会主义精神文明建设

礼仪教育是社会主义精神文明教育体系中最基础的内容。因为讲文明、讲礼貌是人们精神文明程度的实际体现。普及和应用礼仪知识，是加强社会主义精神文明建设的需要。通过礼仪教育，让大学生明确认识到，言谈、举止、仪表和服饰能反映出一个人的思想修养、文明程度和精神面貌。每个人的文明程度不仅关系到自己的形象，同时也影响到整个学校的精神面貌乃至整个社会的精神文明。通过社交礼仪教育，可以进一步提高大学生的礼仪修养，培养大学生应对酬答的实际能力，养成良好的礼仪习惯，具备基本的文明教养，让文明之花在我们校园遍地开放。如果人人讲礼仪，我们的社会将充满和谐与温馨。

由此可见，礼仪的根本目标是要教育、引导全体公民自觉遵循社会主义礼仪道德规范以及相应的社交礼仪形式，提高人们的文明意识，养成文明行为的习惯，促使良好社会风尚形成，使人与人之间、人与社会之间达到高度和谐与有序，从而推进整个社会精神文明程度的提高。

四、树立正确的礼仪观

1. 礼仪是心灵的外衣

人与人的相互观察和了解，一般都是从礼节礼貌开始的。生活中不讲礼貌的人，想得到别人的帮助和指教是不容易的。具备良好礼仪的人，在多数场合下要比那些不具备礼仪者受欢迎得多。

2. 礼仪不是溜须拍马、阿谀奉承

古人很重视礼仪，一个重要的原因是礼仪讲究为人处世均要适宜。现实生活中，态度温和、富有同情心、做事让人开心愉悦，不做使他人厌烦或有损他人情感、利益的事。这是一个文明人言行举止的基础。

3. 礼仪是需要学习的

在交际中陷入尴尬的境地是常有的事。人们只有具备了一定的道德观念，正确的礼仪才能确立。同时，礼仪又根植于一定的传统文化之中，只要是受过良好教育、彬彬有礼的人，都会给人以深刻的印象。因此，以正确的礼仪待人接物是需要学习的。

五、礼仪修养的方法

1. 自尊自爱，自我约束

自尊，就是要自我尊重。一个人只有自己尊重自己，才能得到别人的尊重。比如，待人接物既热情又稳重；为人处世要有主见，不随波逐流；遇到挫折不自暴自弃，遇事顺利不忘乎所以。自爱，就是自己悦纳自己，包括自己的优点和缺点。接纳优点，是为了增添自信，进一步发展自己。接纳缺点，是为了使自己有自知之明，能够扬长避短，完善自己。自我约束，就是自己约束自己。学习礼仪最重要的一点，就是要自我控制、自我反省、自我检点，在应当努力的时候学会坚持，在应当制止的时候学会放弃。

2. 遵守规范，宽以待人

当我们用礼貌的态度对待他人时，对他人本身就是一种提示和示范，也同样会得到他人礼貌的回报。遵守规范，就是要凡事讲究适度，按礼仪规范去办事，协调好与他人的关系，使自律与他律相统一。宽以待人，则强调交际活动中不仅要严于律己，更要多容忍他人、多体谅他人、多理解他人，千万不要求全责备、斤斤计较。

3. 尊重他人，求得和谐

敬人的原则，就是要求人们在交际活动中，不仅要与交往对象互相谦让、互相尊敬、友好相待、和睦共处，更要将对交往对象的重视、恭敬友好放在第一位。要与人为善，善解人意，为他人着想。当个人利益和全局利益发生矛盾时，应以群体利益、长远利益为重，顾全大局，求得和谐。这也是公关真谛所在。

4. 礼仪学习，贵在实践

实践中我们提倡微笑待人，是因为心存善意；讲究礼貌称谓，是因为彼此尊重，它是人们发自内心的美好情感的自然流露。学习礼仪贵在实践，要从现在开始，有意识地培养自己，在与人们的日常交往中，从称谓到握手，在社会组织的公务活动中，从一次会议到一份信函往来，在一举一动中，我们都按礼仪的要求去行事。久而久之，我们就会逐渐养成良好的礼仪习惯，从而全面提高个人素质，将一个更加完美的形象展现在他人面前。

不积跬步，无以至千里；不积小流，无以成江河。文明行为的形成，需要养成习惯。良好习惯的养成，则需要平时细节、行为上的不断自我约束。

思考与练习

1. 什么是礼仪？礼仪有哪些特点？
2. 用生活中的事例说说礼仪的意义和功能。
3. 简述礼仪的规律和原则。
4. 请大家想一想，在日常学习生活中，我们自己、我们身边的人和事，存在哪些你认为不符合礼仪规范的现象。

第二章　个人礼仪

爱美之心，人皆有之。对美的追求是人类共同的要求。在不同时代、不同民族、不同文化背景下，人们对美的含义有不同的解释。美的环境总会让人感到赏心悦目，一个人的美往往会给人留下深刻的印象。因此，多数人都希望自己是美丽的。

第一节　仪表的重要内涵

人的外表美即人的仪表形象美。一个人的仪表形象是一个人的仪容、服饰、仪态的综合表现，不仅反映个人的精神面貌、内在要素、人生态度，往往还代表着一个组织的形象。

一、仪表的重要性

仪表是人的外表，包括容貌、姿态、服饰和风度等，是构成交际的第一印象的基本因素。仪表美包括自然美、修饰美和内在美三层含义。一个人良好的礼仪和形象，就像一本书的精彩的封面，会让人对其内在品质产生期待，从而产生“魅力效应”，有利于人际交往和事业发展的成功。

美国心理学家奥博特·麦拉比安认为，人的印象形成是这样的比例：55% 取决于外表形象，包括服装、个人面貌、动作、姿态等无声语言；45% 取决于语气、语调、言辞的内容等有声语言。出色的外表形象包括穿衣、修饰、个人卫生、发式、指甲、体型、礼仪等。

（一）仪表是素养和品位的体现

对于大多数人，尤其是需要出现在正式的社交场合的人士来说，仪表非常重要。质于内而形于外，文化修养高、气质好的人，懂得如何修饰自己的形象。仪表端正体现了一个人的素养、自尊和品位格调，也是对人和周围环境的尊重。心理学中有一个著名的搭车试验：漂亮的小姐招手搭顺风车，100% 的司机都要停车；海军军官招手搭车，80% 的司机要停车；而乞丐招手，100% 的司机不停车。谁都愿意与漂亮的小姐同行，良伴同行路途短。

（二）仪表和成功联系在一起

美好的第一印象永远不会有第二次。人们一般在见面后 5 秒钟内就对对方形成第一印象。许多人因为邋遢的形象而找不到工作，为此苦恼不堪。一家大型制药厂的人事经理说，他不会录取一个穿着脏皮鞋的应聘者。这不是小事，会影响以后的工作。

一个人能否成功，关键在于他的心态。成功人士都有积极的心态，而仪表是积极心态的外在表现。正式的、得体的、优雅的仪表能够增强人的自信，形成积极奋发的、进取的、乐观的心态，从而在面对现实，处理人生中所遇到的各种矛盾、困难和问题的时候，就更可能受到成功女神的青睐；相反，连自己仪表都不关注的人，可能心态消极、悲观，在人际交往中很难获得别人的尊敬和信任。

（三）职业形象让你多收入14%

随着社会的发展，形象的包装已不再是明星的“专利”，普通职场人士对自己的形象也越来越重视，因为好的形象可以增强一个人的自信，对个人的求职、工作、晋升和社交都起着至关重要的作用。形象设计师建议，好的形象并不是靠几件名牌衣服就可以建立的，人们应该更重视细节。

1．形象决定职场命运

在这个越来越眼球化的社会，一个人尤其是职场人士的形象将可能左右其职业生涯发展前景，甚至会直接影响到一个人的成败。调查显示，形象直接影响到收入水平，那些更有形象魅力的人收入通常比一般同事要高14%。职场中一个人的工作能力是关键，但同时也需要注重自身形象的设计，特别是在求职、工作、会议、商务谈判等重要场合，形象好坏将左右你的成败。

人们往往以为形象就只是指发型、衣着等外表的东西，实际上现代意义上的形象包括仪容（外貌）、仪表（服饰、职业气质）以及仪态（言谈举止）三方面，其中最为讲究的是形象与职业、地位的匹配。一个人具有好的形象，不光是指把自己打扮得多么美丽、英俊，最主要的是要做到自身发型、服饰、气质、言谈举止与职业、场合、地位以及性格相吻合。

2．成熟稳重是专业形象的关键

所谓“职业形象”，当然需要与你的职业紧密结合，而其中最重要的是要体现出你在职业领域的专业性。任何使你显得不够专业化的形象，都会让人认为你不适合你的职业。

专业形象的设计，首先要在衣着上尽量穿得像这个行业的成功人士，宁愿保守也不能过于前卫时尚。另外，最好事前了解该行业和企业的文化氛围，把握好特有的办公室色彩，谈吐和举止中要流露出与企业、职业相符合的气质；要注意衣服整洁干净，特别要注意尺码适合；衣服的颜色要选择适合自己皮肤的中性色，注重现代感，把握积极的方向。

3．形象要突出个人风格

现在在中国职场唱主角的是20世纪七八十年代出生的年轻一代，他们的思维和性格越来越个性化，对自己职业形象细节的专注和对自己职业形象价值的认识都达到了前所未有的高度。因此，在职业形象的设计上也必须在细节上体现出个人风格。形象的功能在于交流和自我表达，在于打造个人的品牌，如果在形象上千篇一律，没有个性，即使再得体、再职业化，也是不成功的。

每个人都有属于自己的独一无二的优点和气质，也许没有骄人的容貌，但有高挑的身材；没有清秀的五官，但有细腻的肌肤。问题是如何发现自己的优点，并将它最大限度地展现出来。

二、仪容

一个人的仪容，大体上受到两大因素的影响：一是先天条件，二是本人的修饰维护。事实上，修饰与维护，对于仪容的优劣而言往往起着重要的作用。所以我们必须时刻不忘对自己的仪容进行必要的修饰和整理。

化妆是对他人的尊重，同时也是对自己的尊重。化妆的浓淡及风格要考虑具体的时间和场合。通常日妆以自然为主，略施粉黛即可；上班妆也要清新淡雅，体现职业感；约会妆可以让自己显得甜美一些。总的说来，工作和社交化妆应以“雅”为格调。干净、清爽、自然，与年龄、身份和环境相协调，达到刻意修饰后的无意状态是化妆的最高境界。在正式场合，女士不化妆会被认为是不礼貌的。

仪容包括整洁端庄的面容、恰到好处的修饰化妆和自然传神的表情。

（一）干净整洁

1. 坚持洗澡、洗头、洗脸

常洗澡：除去身上的尘土、油垢和汗味，有条件的话要天天洗，尤其在参加重大礼仪活动之前要清洗。

常洗头：确保头发不粘连，不板结，无发屑，无气味。

常洗脸：除了早上起床后、晚上睡觉前洗脸之外，凡是有必要，随时随地都要抽出一点时间洗脸净面。

2. 注意修饰体表毛发

若没有特殊的宗教信仰和民族习惯，不要留胡子，要养成每日剃须的习惯，以保持面部清洁。

鼻毛和耳毛要适时修剪。

女士要注意修饰腋毛、腿毛、手部的毛等。职业女性尤其要注意。

3. 保持手部卫生

手是与外界接触最多的一个部位，它最容易沾染脏东西，所以必须勤洗手。还要常剪手指甲，手指甲的长度以不长过手指指尖为宜。

4. 注意口腔卫生

口腔要做到无异味，无异物。到公共场合前，注意不要吃刺激性食物，如葱、蒜、韭菜等。

（二）面容

整洁端庄的面容主要指发式整洁、大方和面部洁润、健康。

1. 仪容的中心——头发

远看头，近看脚，不远不近看中腰。完美形象从头部开始。头发整洁、发型大方，是个人礼仪对发式美的基本要求。整洁大方的发式易给人留下生气勃勃的印象。披头散发则会给人以萎靡不振的感觉。随着人类审美能力不断提高和现代人对人的个性的认同，发式越来越艺术化、个性化和多样化。修饰头发要注意以下原则：

第一，干净，保持发型整洁。

清洗头发：要对头发定期清洗。一般认为，每周至少应当对自己的头发清洗两三次。

修剪头发：修剪头发同样需要定期进行。通常应当每半个月左右修剪一次，至少也要确保每个月修剪一次。

梳理头发：梳理头发是每天必做之事，而且往往应当不止一次。凡有必要的时候都要进行梳理。

第二，长短适度。

男性“前发不覆额，侧发不掩耳，后发不及领”，女性长发不过肩。

第三，发型的选择。

发型是构成仪容美的重要内容。美观的发型能给人整洁、庄重、洒脱、文雅、活泼的感觉。根据不同人的发质、服装、身材、脸型等选择合适的发型，就可以扬长避短，和谐统一，增加人体的整体美。

大学生应该选择适合自己年龄特征和个性的发型，即自然清新、文雅端庄、朴素利落。女生以选择齐耳短发为主，男生以板寸、平发为主。

一般来说，只要发型适合自己，就能显现出真正的美。所以，发式的选择可考虑自己的身份、工作性质和周围环境。到舞厅娱乐和上班的发式就要有所区别。发式的选择不能只顾自己的好恶而不考虑外界的其他因素。鞠萍姐姐曾经改变发型，但成千上万的小朋友不答应，只好又改回来了。

发型与脸型要协调。发型对人的容貌有极强的修饰作用，甚至可以改变人的容貌。不同的脸型适合不同的发型，要根据自己的脸型选择发型，这是发型修饰的关键。比如，圆脸适宜将头顶部头发梳高，使脸部在视觉上拉长；长脸适宜选择用刘海遮住额头，以使脸部丰满。脸短者，头发不要留太长；矮个者，宜留短发。发型与脸型尽量修饰成长方形，黄金分割法认为这样的形状是美的。

2. 面部洁润和健康

人的面部是最为动人的部位。面部洁润和健康是指面部清洁、滑润、富有光泽和弹性。

第一，经常保持面部清洁。

第二，在日常生活中，适当参加体育运动，形成抵御有害物质的天然屏障。

第三，保持规律的生活方式、良好的心境与充足的睡眠，以助面部皮肤的新陈代谢，使面容富有光泽。如睡午觉使人年轻。

第四，合理的饮食，从身体内部给予皮肤营养。请注意脂肪、蛋白质、叶绿素、矿物质、水分的摄入。人体最需要的美容品是清洁的水。

第五，坚持科学的面部护理（水是最好的护肤品）和按摩，促进血液循环。

3. 针对不同的皮肤进行不同的护理

护肤是仪容美的关键。皮肤尤其是面部皮肤的经常护理和保养，是实现仪容美的首要前提。

皮肤一般分三种类型：干性皮肤、中性皮肤和油性皮肤。对不同类型的皮肤需用不同的方法加以护理和保养。

干性皮肤：油脂分泌较少，经不起风吹日晒，对外界的刺激十分敏感，极易出现色素沉着和皱纹。这种皮肤，每天在洗脸的时候，可以在水中加入少许蜂蜜，湿润整个面部，用手拍干。坚持一段时间，就能改善面部肌肤，使其光滑细腻。

中性皮肤：比较润泽细嫩，对外界的刺激不太敏感。这种皮肤比较易于护理，可在晚上用水洗脸后，再用热水捂脸片刻，然后轻轻抹干。

油性皮肤：毛孔粗大，油光满面，易生痤疮等皮脂性皮肤病，但适应性强，不易显皱纹。洗脸时可在热水中加入少许白醋，以便有效地去除皮肤上过多的皮脂、皮屑和尘埃，使皮肤富有光泽和弹性。

（三）化妆

1. 化妆的原则与礼节

（1）化妆的原则：

第一，化妆适度是仪容美的基本要求。

第二，自然协调。一般工作和生活都应化淡妆，轻描淡抹总相宜，给人没有化妆的感觉。美在和谐。这包括：① 妆面协调，指化妆部位色彩搭配、浓淡等整体协调。② 全身协调，指脸部化妆还要注意与发型、服装、饰物协调，力求取得完美的整体效果。③ 身份协调，化妆时还要考虑到自己的职业特点和身份。④ 场合协调，是指化妆要与所去的场合气氛要求一致。

第三，扬长避短。化妆要注意强化自身的特点和长处，并对自己的不足之处进行淡化和掩盖。

（2）化妆的礼节：① 不要在公众场合或当众化妆，否则，有招摇过市、不够自尊之嫌。② 不要议论他人的妆容。③ 不要借用他人的化妆品。④ 适时补妆。

2. 大学生的仪容要求

当今时代是一个张扬个性的时代，同时又是一个讲究团队精神的时代。大学生的仪容应以所在群体为标准，以显示出优秀年轻人朝气蓬勃、积极奋进的精神风貌。

大学生在日常学习、生活中，以不化妆为宜。作为学生，干净朴素的仪容仪表一直是大力提倡的，健康的、阳光的大学生带给人们的感觉是朝气蓬勃和有希望的。在社交娱乐活动中，大学生适当进行修饰也应以自然、清新为主，切忌人工痕迹过重，否则会丧失年轻人自然的美感。

首先，化妆应以自身面部客观条件为基础，适当强化和美化，切不可失真。要妆而不露，化而不觉，从而达到“清水出芙蓉”的境界。

其次，化妆应与服饰相协调。化妆品的色彩应与服饰色彩一致或具有一定的反差；化妆还要突出重点，以点带面。化妆的目的就是要突出和强化美点。只要我们正确评价自己，总会找出值得突出强化的美。

（四）表情

礼仪的情感表达是说人们在讲究礼节时，内心情感在面部上的表现，即表情。表情是人际交往中相互沟通的形式之一。

美国心理学家艾伯特·梅拉比安把人的感情表达效果总结成一个公式：感情的表达 = 语言（7%）+ 声音（38%）+ 表情（55%）。这个公式是否科学合理且不去深究，但它说明了表情在人际沟通时能够恰如其分地表现出人的内在感情。一般情况下人的表情应该是：面肌自然从容，目光温顺平和，嘴角略带微笑，让人感到真诚可信、和蔼可亲。

1. 目光——心灵的语言

目光注视的时间有讲究。交谈时，视线投向对方脸部的时间约占全部谈话时间的30%~60%，过长，会被认为对对方本人比对其谈话的内容更感兴趣。同样，与人交往时，不能长时间地盯住对方，以免传递错误的信息。

在社交礼仪中，目光是受感情制约的，人的眼睛的表现力极为丰富，极为微妙，很难规定出一定的模式。正确地运用目光，能恰当地表现出内心的情感。同样，只有把握好自己的内心感情，目光才会很好地发挥作用。

眼睛被人们称为心灵的窗户，这是因为心灵深处的奥秘都会自觉不自觉地从眼神中流露出来。印度诗人泰戈尔说："一旦学会了眼睛的语言，表情的变化将是无穷无尽的。"这又说明，眼睛语言的表现力是极强的，是其他举止无法比拟的。一双炯炯有神的眼睛，给人以感情充沛、生机勃发的感觉；目光呆滞麻木，则使人产生疲惫厌倦的印象。

在人与人之间进行交流时，目光的交流总是处于最重要的地位。信息的交流要以目光的交流为起点。交流过程中，双方要不断地应用目光表达自己的意愿、情感，还要适当观察对方的目光，探测"虚实"。交流结束时，也要用目光做一个圆满的结尾。在各种礼仪形式中，目光有重要的位置，目光运用得当与否，直接影响礼仪的质量。

2. 微笑——甜蜜的事业

微笑可以表现出对他人的理解、关心和爱，是礼貌与修养的外在表现和谦恭、友善、含蓄、自信的反映。人们的微笑是其心理健康的标志。微笑是一种"情绪语言"，它来自心理健康者。

微笑是友善、和蔼、谦恭、融洽、真诚等美好感情的表现。微笑是处理好人际关系的一种重要手段，也是外交官和企业家最好的外交手段。中国古话说："伸手不打笑脸人。"微笑是最值得提倡和最积极的表情。

微笑可以表现出温馨、亲切的表情，可以消除陌生人初次见面时的拘束感，能有效地缩短双方的距离，给对方留下美好的心理感受，从而形成融洽的交往氛围，可以反映本人良好的修养，待人至诚。微笑有一种魅力，它可以使强硬者变得温柔，使困难变容易。微笑是人际交往中的润滑剂，是广交朋友、化解矛盾的有效手段。

微笑的要求是：发自内心、自然大方、亲切，要由眼神、眉毛、嘴巴、表情等各方面协调动作来完成。要防止生硬、虚伪、笑不由衷。必要时应当进行训练，可以自己对着镜子练习。

在人际交往中，保持微笑，至少有以下几个方面的作用。

第一，微笑是人类最好的共同语言。微笑能架起陌生人之间友好的桥梁。微笑能反映自己心底坦荡，善良友好，待人真心实意，而非虚情假意，使他人在与其交往中自然放松，不知不觉地缩短了心理距离。

第二，微笑是促进身心健康的良药。笑一笑，十年少。一个时时在脸上挂着微笑的人必然少病痛。生物学家研究发现，人在愉快的状态下学习工作时，血液里没有毒素。癌症是人们最害怕的疾病，有不少癌症病人，乐观面对疾病，积极配合医生进行治疗，病情一天天好转，甚至奇迹般存活下来。因此，保持愉快的心境，脸上时时展现微笑，不仅给他人带来快乐，也使自己保持身心健康。

第三，微笑是最好的美容手段。板着脸孔漂亮，还是微笑着漂亮？面孔是凝固的表情，一个经常微笑的面孔，时间长了就凝固成一张善良、温和的面孔，一张人见人爱的美丽面孔。

第四，微笑是团结同学、协调同学之间关系的润滑剂。任何人都不会拒绝一张笑脸，当你和同学产生矛盾时，只要互相一笑就能使矛盾缓和。微笑能帮助我们建立良好的人际关系，不管碰到怎样的难以解决的人际关系问题，只要你用发自内心的微笑去面对他人，就可以化干戈为玉帛。

微笑要发自内心，才能使人感到自然、坦诚，否则就会使人觉得虚假，使人见了难受。在公共场所，除了保持自然、坦诚的风度，大学生还应该注意要避免放声大笑。

笑的方式多种多样，只有真诚的微笑才符合礼仪要求，让人感到舒服。真正的微笑应发自内心，渗透着自己的情感。表里如一，毫无包装或矫饰的微笑才有感染力，才能被视作“参与社交的通行证”。所以，有人说微笑是成功者的先锋。

【案例】你希望别人高兴地来见你，你就必须高兴地会见别人。对人微笑是一种文明的表现，它显示出一种力量、涵养和暗示。一个刚刚学会保持微笑的员工说：“自从我开始坚持对同事微笑之后，起初大家非常迷惑、惊异，后来就是欣喜、赞许，两个月来，我得到的快乐比过去一年中得到的满足感与成就感还要多。现在，我已养成了微笑的习惯，而且我发现人人都对我微笑，过去冷若冰霜的人，现在也热情友好起来。上周单位搞民主评议，我几乎获得了全票，这是我参加工作这么多年来从未有过的大喜事！”

三、服饰美

俗话说，佛靠金装，人靠衣装。服装直接告诉人们你的品位在哪里，你的品位有多高。无论从事何种职业，担任何种角色，你所穿着的衣服需要大方得体，而且要突出你的外形优势，掩盖你的外形缺点，显示出你的身份和地位。男士服装搭配和女士服装搭配有很多的不同，女士服装讲究款式和多变，男士服装则讲究合身，款式经典大方。男士服装，简单永远讨好，干净利索的男士总是受人欢迎的。

服饰是指人的服装穿着与饰品佩戴，服装被视为人的“第二肌肤”。人是桩桩，全靠衣裳，三分长相，七分打扮。

【案例】心理学家做过这样的实验：请一位女士着三种不同的服装分别拍照，扮出三种形象。第一套服装是很古板、落后于时代的蓝色长衣长裤；第二套服装是具有时代特色的蓝色西服套裙，内着白色衬衣；第三套服装是时髦的超短裙。将拍好的照片分别拿到各公司经理处，请各位经理在三人中选一位做秘书。实验结果是，绝大多数经理选择的是第二位，身着西服套裙。通过这个实验，我们可以得出这样一个结论：同一个人，因身着不同的服装，可以给人留下截然不同的印象。

服装与人的协调：你选择的服装其实就是你的一部分。因此，它应该与你的身材、肤色、年龄等条件相协调，并与你完美地结合。

与身材的协调：拥有模特身材的人毕竟是少数，每个人都有自己的特点，高矮胖瘦其实都不是缺点，只要我们选择适合自己的款式就可以扬长避短，凸显自身的优势。

与肤色的协调：每个人都有适合自己的颜色，多留心就能找出与自己肤色相搭配的色彩规律。

与年龄的协调：年轻女孩穿公主裙可以显得青春可爱，老年人则多选择舒适、稳重的服装，年龄不同，选择标准也不相同。

（一）着装的原则

要发挥穿着的美化作用，主要考虑以下几个原则：

1．符合身份

着装要符合身份，这是非常重要的。每个人在日常生活和工作中，都有自己特定的身份，如：教师在教室上课时着装就不能太随便，应端装得体。

2．扬长避短

每个人的身材都有优点，也有缺点，有的人胖，有的人瘦，有的人黑，有的人白，那就要注意扬长避短。像笔者脖子比较细长，就不穿 U 领或者 V 领的服装，而经常穿高领衫。比如腿比较短粗的女士，就尽量不穿短裙。

3．服装与场合的协调

日常生活中，根据场合选择服装是基本的穿衣规范。在不同的场合穿错衣服，不但没有美感，还可能给人留下不礼貌的印象。

（1）办公场合：庄重保守。办公场合指的是我们上班时在工作岗位上处理公务的场合，它的基本要求是四个字：庄重保守。适宜穿职业套装、工作制服或庄重典雅的服装。

（2）社交场合：可以穿体现时尚与个性的服装。工作之余的交往应酬时间，着装的基本要求是什么呢？时尚个性，就是要与众不同。穿时装，穿礼服，穿具有民族特色的服装等。

（3）休闲场合：舒适自然。在家休息、健身运动、观光游览、逛街购物等属于休闲场合。这些场合穿着打扮的基本要求是：舒适自然，怎么舒服怎么穿。

（4）喜庆场合：适宜穿着色彩艳丽的服装。
（5）悲哀、肃穆的场合：只适合穿着以黑色或其他深色、素色为主的服装。

4. 服装本身的协调

如果一个人上身穿羽绒服，下身穿运动短裤，那他的回头率一定是百分之百的。同样，若穿一身合体的西装，脚上穿的却是运动鞋甚至是凉鞋，那也一定会使人惊讶不已。选择服装未必一定要选套装，但全身服装在风格、色彩以及面料的搭配上应该尽量协调。协调才会有美感。

（二）职场着装禁忌

职场着装有以下禁忌需注意避免：
（1）过分杂乱：比如上穿西装下穿布鞋。重要场合，穿套装、套裙时要穿制式皮鞋。
（2）过分鲜艳：要遵守三色原则，即全身颜色不多于三种，男女的制服、套装都要遵守这个规则。不能过分鲜艳。
（3）过分暴露：在重要场合着装，不暴露胸部，不暴露肩部，不暴露腰部，不暴露背部等，不能穿无袖装上班。
（4）过分透视：透视装下班之后可以穿，上班不要穿，重要场合要注意，内衣不能让人家透过外衣看到，这是非常不礼貌的。
（5）过分短小：超短裙、露脐装、小背心、短裤等，正式场合都不要穿。
（6）过分紧身。

（三）配色艺术

没有不美的色彩，只有不美的搭配。

1. 服装色彩，各有效应

有人俏皮地说："衣服是穿给别人看的!"这句话不无道理。别人看什么呢？首先是看色彩。服饰的色彩往往先于一个人的其他因素而引起他人的注意，然后才是服饰的造型、质料等因素。"万绿丛中一点红"是最能引起人们注意的。

2. 色彩搭配，注意效果

同色搭配法：就是把同一种颜色按深浅不同进行搭配，以造成一种统一、和谐的审美效果。如：浅灰色的上衣与深灰色的裤子相配，就属于同色搭配. 这种方法适合在工作场合或正规的社交场合着装的配色。

相似色搭配法：也称近似色相配，是指用色谱上相邻的颜色进行搭配的方法。如：橙配黄，蓝配绿，白配灰等，就属于相似搭配。相似搭配由于富于变化，色彩差异较大，服装更显活泼与动感。但是搭配的难度也更大，讲究也更多，弄不好会给人"太不和谐"的感觉。因此，要认真考虑色彩的明度差异以及纯度变化，尽量满足自己及公众的审美需要。

主辅色搭配法：就是以一种色彩为整体或整套服装的基调或主调，再适当辅之以一定的其他色彩的搭配。运用这种搭配法首先应充分考虑主辅关系，不能"喧宾夺主"；其次，是考虑主辅色调的对比效果，既要鲜明，又不要太刺眼；最后，辅助色彩的位置安排要充分顾及自己体形、长相的优势，要考虑扬长避短，以达到画龙点睛之妙。

以上三种搭配方法只是色彩搭配的基本方法，实际的服装制作中还可以根据需要和可能，派生出许多其他搭配方法：

对比法，即在配色时运用冷暖、深浅、明暗两种特性相反的色彩进行组合，使着装在色彩上反差强烈，突出个性的方法。

呼应法，即在配色时，在某些相关的部位刻意采用同一种色彩，以便使其遥相呼应，产生较强美感的方法。如：穿西装的男士讲究鞋与包同色，就是这种方法。

点缀法，即采用统一法配色时，在某个局部小范围内，选用不同的色彩加以点缀美化的方法。

时尚法，即在配色时，选用流行的某种色彩搭配色彩的方法。适用于普通社交场合与休闲场合。

无论你采用哪一种搭配方法，都应掌握一条共同的基本原则：调和。调和就是美，调和就是秩序。当然，调和不等于没有对比，没有变化。调和，既可以是相似调和，也可以是对比调和。掌握色彩的调和原则是很重要的，否则，就可能出现俗语所说的“红配绿，丑得哭”“红配紫，丑得死”的负面效果。

一般来说，黑、白、灰是配色中的几种“安全”色。因为它们比较容易与其他各种色彩搭配，而且效果也比较好。同时，应尽量避免以下搭配方法：深蓝与茶色、红配紫、红配绿、红色配茶色以及四种以上颜色混杂搭配，因为这些色彩搭配法效果一般都不太好。

3. 根据肤色，选配色彩

服装色彩能影响甚至改变人的肤色在他人感官中的印象，这一点是确定无疑的。人的肤色会因服装色彩的不同，给观赏者的感觉带来微妙的变化。因此，要善于根据自己的肤色，选配适当的服装色调，以达到让服装色调与肤色相映生辉的效果。“人是桩，靠衣裳”，在很大程度上靠的就是服装的色彩。

由于我国汉族人的皮肤普遍显黄色，所以，中国百姓服装长期崇尚蓝色，这是与蓝色能将黄色皮肤烘托得更加明亮、更显白皙分不开的。

如：皮肤色调发黄或略黑、粗糙的人，服色的调子过深，会加深肤色偏黑的感觉，使肤色毫无生气；相反，也不宜选用过浅的服色，会反衬出肤色的黑，同样会令人黑得暗淡无光。这种肤色的人最适宜选择的是与肤色对比度不强的粉色系、蓝绿色。忌用色彩明亮的黄、橙、紫或色调极暗的黑色、黑紫色、深褐色、深驼色等色彩面料做上衣。肤色发黑在西方国家被认为是健康的肤色，许多人还为晒黑皮肤而进行日光浴，然而在中国，则推崇肤色白。有句俗话是：“一白遮百丑。”

肤色比较苍白的人，忌穿黑色与纯白色上衣。

皮肤略带灰黄，则不宜选用米黄、土黄和灰色，否则会显得无精打采。

如果肤色发红，则应配用稍冷或浅色的服色，不宜用浅绿色和蓝绿色，因为他们会使肤色发紫。一般来说，不管肤色如何，穿白色衣服的效果都不错，因为白色的反光使人有神采。

当然，肤色与衣服色彩的搭配并无什么教条。在实际生活中应通过反复的观察比较，找准适合自己的、能完整表现自己肤色健康美的上衣主色调。我们有时候要敢于突破自己多年来划定的色彩框架，大胆地尝试，多听听他人的评价与忠告，才可能选出既是自己喜欢，更是公众喜欢的服装色彩。

（四）男士着装礼仪

男士的穿着不求华丽、鲜艳，衣着不宜过多的色彩变化，尤其要遵循三色原则。男士在一般场合，可着休闲服、牛仔装和运动装等便服，在社交场合和其他正式场合礼服和西服。西装是一种国际性的服装，一套合体的西装，可以使穿着者显得潇洒精神和风度翩翩。

西装：净色而颜色偏深的整套西装适于多种场合，最派用场。由于中国人脸色偏黄，在选择颜色时应少选黄色、绿色、紫色，宜选深蓝色、深灰暖性色、中性色等色系。脸色较暗的男士，可选择浅色系和中性色。有明袋的上装只适合在较随便的场合穿着，暗袋上装适合正式场合。

现代男士西服基本上是沿袭欧洲男士服装的传统习惯而形成的，其装扮行为具有一定的礼仪意义，如双排扣西服给人以庄重、正式之感，多在正式场合穿着，适合于正式的仪式、会议等；单排扣西服穿着场所普遍，宜作为工作中的职业西服或生活中的休闲西服。

西装要干净、平整，裤子要熨出裤线。西装的上衣口袋和裤子口袋里不宜放太多的东西。穿西装时内衣不要穿太多，可在衬衣外面穿一件羊毛衫。穿得臃肿会破坏西装的整体线条美。西服袖口的商标牌应摘掉，否则会贻笑大方。如图 2 – 1 所示。

图 2 – 1

西装的纽扣：西服纽扣有单排、双排之分。纽扣系法有讲究：双排扣西装应把扣子都系好。单排扣西装：一粒扣的，系上端庄，敞开潇洒；两粒扣的，只系上面一粒扣是洋气、正统，都不系是潇洒、帅气，全系和只系第二粒不合规范；三粒扣的，系上面两粒或只系中间一粒都合乎规范要求。

衬衫：在套装与衬衫的组合上，衬衫的下摆要放入裤子里，整装后，衬衣领和袖口均要比外衣长出 1 ~ 2 cm。

净白色或白色带清爽蓝条纹的长袖衬衫是必不可少的基本服装配件。请留意：领口和袖口一沾上污渍就不应该再往身上穿，应穿洗得干干净净、熨得笔挺的衬衫。

袜子：深色袜子可以配深色的西装，也可以配浅色的西装。浅色的袜子能配浅色西装，不宜配深色西装。忌用白色袜子配西装。

鞋子：穿西装一定要穿皮鞋，且要上油擦亮。皮鞋的颜色要与西装相配套。穿皮鞋还要配上合适的袜子，使它在西装与皮鞋之间起到一种过渡作用。

鞋子的选择很重要。俗话说："脚底无好鞋，显得穷半截"，可见其重要性。我们常用"西装革履"来形容一个人的正规打扮，所以，在正规场合穿西装就一定要穿皮鞋，而且首选黑色系带牛皮鞋，偶尔也可穿深棕色皮鞋，鞋面一定要整洁光亮。

黑色皮鞋是万能鞋，它能配任何一种深颜色的西装。灰色的鞋子决不宜配深色的西装，浅色的鞋也只可配浅色西装。而漆皮鞋只宜配礼服。

鞋子擦得锃亮的人，会显得特别光鲜，容易给人以好感，脏兮兮的鞋子最不宜登大雅之堂。

皮带：深色西装可配深色腰带，浅色西装则或深或浅的皮带都配得上。此外，皮带的颜色应与皮鞋协调。

领带：领带必须打在硬领衬衫上，要与衬衫、西服和谐，其长度以到皮带扣处为宜。若内穿毛衣或毛背心等，领带必须置于毛衣或背心内，且西服下端不能露出领带头。领带夹是用来固定领带的，其位置不能太靠上，以衬衫的第四粒纽扣处为宜。

不同款式的领带具有不同的含义：

斜纹：果断权威、稳重理性，适合谈判、主持会议、演讲等场合。

圆点、方格：中规中矩、按部就班，适合初次见面和见长辈上司时用。

不规则图案：活泼、有个性、创意和朝气，较随意，适合酒会、宴会和约会。

领带夹：已婚人士之标志，应在领结下 3/5 处。

（五）女士着装礼仪

1. 女子服装的种类

女士的服装大体可以分礼服、上班服和休闲服。礼服一般泛指在庄重场合或举行仪式时所穿的服装，我国主要有传统的旗袍和西式套裙。上班服是女士在公务场合所穿的服装，像西式套裙，连衣裙等。原则是端庄、得体、文明、整洁，充分体现职业女性的特点。上班工作服一般不宜过艳，样式不要过露、过透、过短、过紧，如吊带服、超短裙等，会失敬于人。休闲服是在休闲场所穿着的服装，要轻松自然、舒适随意。

2. 女士着装的礼仪规范

第一，内衣。女性的内衣不能外露，更不能外穿，比如，文胸的肩带不能露在衣服外面，以免有碍观瞻。另外，将睡衣穿到公共场合也是不雅和失礼的。

第二，丝袜。丝袜是现代女性的必备品，穿裙服时要着丝袜，不仅是礼仪的需要，而且还能掩盖腿部的缺陷，增加腿部的美感。丝袜容易跳纱破损，职业女性穿着明显跳纱破损的丝袜是不雅和失礼的。

第三，鞋子。依据鞋跟的高低区分，女士的鞋子有平跟、中跟和高跟等款式。根据穿着的舒适、方便而又不失优雅和与服装相协调的原则，矮个的可选择鞋跟高一些的鞋子，高个者可选择鞋跟低一些的鞋子。年纪稍大的女性，选择的鞋跟不宜过高。

3. 女士着装技巧

外套：不要过紧或过于时尚化；不可以休闲装代替商务装；不可以内衣外穿或外现；衣扣、衣领要系到位，不要太低。商务活动中，女士要穿套裙，任何情况下都要有领子、袖子。服装搭配要协调，以同色系为首选。袜子：不要过短、两截腿，不要有破损，以肉色、浅青色为首选。皮鞋：不要太高或太细，以浅口船鞋为首选。手表：女士尽量不选择时装表。色彩：不超过 3 种。如图 2－2 所示。

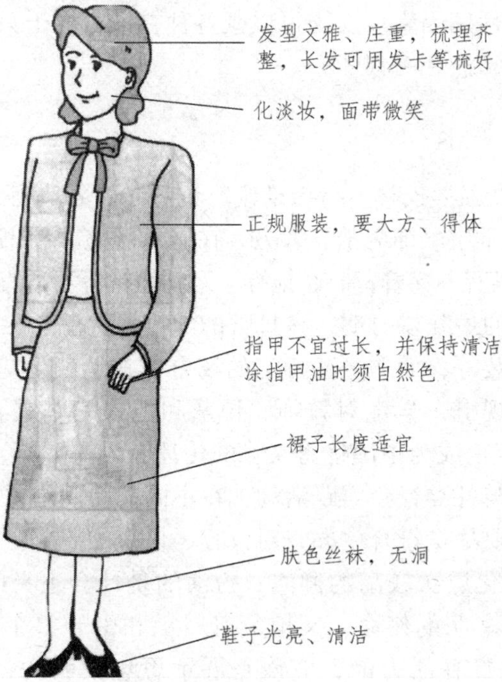

图 2－2

（六）佩戴首饰礼仪

饰品——不要比你本人更夺目。饰品也叫配饰，是服饰的附属品，可以起到锦上添花的作用，但如果饰品艳丽到喧宾夺主的地步，就失去了它本来的作用，遮掩了主人的光彩。因此，在选择饰品时应根据不同的条件给予协调的搭配。

与身份相适应。饰品应该符合主人的身份。例如：幼儿园教师一般不带贵重、夸张的饰物；行政执法人员不宜在工作时间佩戴长长的耳坠或其他夺目的首饰；职业女性可以佩戴婚戒和其他首饰，但不宜夸张，一般全身的饰品加起来不应超过六个点。

利用饰品扬长避短。如果搭配得当，饰品可以起到扬长避短的修饰作用。例如，脖子较短的女性一般不适宜戴粗重的项链，一条细而长的项链会显得其更加轻盈；如果衬衣的颜色不太适合自己，可以选择适合肤色的丝巾系在脖子上，起到色彩过渡的作用。

因此，巧妙地运用配饰能够显示出协调美。

饰物佩戴礼仪具体主要有以下方面：

（1）数量以少为佳。身上使用的饰物越少越好，女同志一般场合身上的饰物在六个点之内是最好的。像耳环可以戴一对，手镯也可以戴一对，但是每种最多戴两件。全身上下不多于六个点，多于六个点有弄巧成拙之感。

（2）同质同色。色彩和款式要协调。如选择了白金戒指，最好选白金项链。

（3）符合习俗。如戴翡翠讲究的是男戴观音女戴佛，这是一个习俗的问题。

（4）搭配合理。要和你的服装、其他首饰相协调。

佩戴首饰也应遵守时间、场所、目的的原则，具体要求是：

（1）佩戴首饰要注意场合。只有在交际应酬时，佩戴首饰才最合适。

（2）佩戴首饰要与服装及本人的外表相和谐。

（3）佩戴首饰要考虑性别因素。女士可以戴各种首饰，男士只宜戴结婚戒指。

（4）佩戴首饰要注意寓意和习惯。

（七）大学生着装要求

根据教育部颁布的《高等学校学生行为准则》的要求，各高等学校都制定了《学生文明行为规范》。一般都要求大学生服饰简洁、大方，在进入教室、图书馆，参加集会、演出，参加集体活动以及在各公共场所不穿着背心、拖鞋、运动短裤等不适宜学生穿着的服装。

大学生处于成长发育的最旺盛时期，在日常的学习、生活、工作中多穿着便于行动、适合年龄要求的休闲装、便装等；而在一些特定的场合，在着装上应现出大学生的文化层次、道德水准和审美水平，体现出大学生对教师、长辈和他人的尊重。因此，我们应遵守《高等学校学生行为准则》，真正成为中国优秀文化的传播者。

大学生经常有机会参与各类社会实践活动，在不同的活动中要特别注意自己的着装，既要保持大学生的风采，又要尽量符合主办方对仪容、仪表的要求。

大学生在社会中是文化层次较高的群体，扮演的是社会主义的建设者和接班人的重要角色，既担负着创造社会文明的使命，又担负着展示和引导整个社会文明的责任。因此，大学生的穿着应该是体现青春活力的，应该是展示思想文明的，所以应穿着符合自己身份和场合的服饰。同时，在穿着符合自己身份的服饰的前提下，大学生也可以体现自己的个性，真正成为时代的领头者，体现出文明的着装礼仪，并带动整个社会服饰礼仪的发展。

第二节　行为美——优雅的仪态

举止是人际交往过程中的礼仪表现形式，不同于口语的礼仪，它讲究的是人体动作与表情，它是通过人的肢体动作和面部表情的变化来表达思想感情的语言符号，也叫人体语言或肢体语言。

举止，包括人的体态姿势、动作和表情。举止语言是用人体的体态姿势、动作、表情作为词汇来象征人的心灵、表达人的思想感情的一种非文字语言。人们在交谈中，一个眼神，一个表情，一个微小的手势和体态，都可以准确地表现出人真实、诚恳的心态。此外，举止所发出的语言信息比起口头语言来具有含蓄、模糊的特性，给人们以朦胧美的感官享受。

仪态举止相当重要。美的姿势给人以悦目、舒适的感觉，丑的姿势给人以反感、厌恶的印象。

优美的举止不是天生就有的，我们既然了解了它，就应当积极主动地参与形体训练，掌握正确的举止姿态，矫正不良习惯，达到自然美与修饰美的最高境界。

一、站姿

（一）正确的站姿

站姿是人的静态造型，是人体动态造型的基础和起点，优雅的站姿能标示人的自信，给他人留下美好的印象。

抬头，挺胸，收腹，两腿稍微分开为60°，表情自信，有一种挺拔、向上的感觉。站立时要面带微笑，使规范的站立姿势与热情的微笑相结合。

正确的站姿主要有：丁字式站姿、V字式站姿、后背式站姿、叉手式站姿。这些规范的礼仪站姿，同部队战士的立正是有区别的。礼仪的站姿较立正多了些自然、亲近和柔美。要掌握这些站姿，必须经过严格的训练，长期坚持，形成习惯。两腿并拢立直，膝盖放松，大腿稍收紧上提；身体重心在脚掌前部，身体重心应尽量提高。女子站立时，脚应呈“V”形，脚跟靠拢，膝和脚后跟应靠紧；两脚尖夹角呈45°~60°。

（二）具体要求和方法

第一，两脚跟相靠，脚尖分开，开度呈45°~60°，身体重心落在两脚间的中心位置上。

第二，两脚直立，双膝并拢。

第三，收腹提臀，髋部上提。

第四，立腰挺胸，挺直背脊。

第五，双肩平齐，放松下沉，双臂自然下垂，虎口向前，手指自然弯曲。

第六，头正、颈直、下颌微收，双眼平视前方。

（三）工作中的站姿

站立时，既要遵守规范，又要避免僵硬，所以站立时要注意肌肉张弛的协调性。强调挺胸立腰，但两肩和手臂的肌肉不能太紧张，要适当放松，气下沉至胸腹之间，呼吸要自然。另外，要以基本站姿为基础，善于适时地变换姿态，追求动态美。同时，站立时要面带微笑，使规范的站立姿态与微笑相结合。

工作中的站姿常有以下几种：垂肩式站姿、腹前握指式站姿、后背握指式站、单臂后背式站姿、单臂前曲式站姿、丁字式站姿、V 字式站姿、倒八字式站姿。

女士前搭手站姿（图 2-3a）：两脚尖展开，左脚脚跟靠近右脚中部，重心平均置于两脚上，也可置于一只脚上，通过重心的转移可减轻疲劳，双脚要靠拢，膝盖打直，双手置于腹前。

男士后搭手站姿（图 2-3b）：两脚平行开立，脚尖展开，挺胸立腰，下颌微收，双目平视，两手在身后相搭，贴在臀部。

女士持文件夹站姿（图 2-3c）：身体立直，挺胸抬头，下颌微收，提髋立腰，吸腹收臀，手持文件夹。

男士提公文包站姿（图 2-3d）：身体立直，挺胸抬头，下颌微收，双目平视，两脚分开，一手提公文包，一手置于体侧。

a　b　c　d

图 2-3

（四）站姿训练

站姿训练强调三要素：平、直、高。

1. 平

平：头平正，双肩一样高，两眼平视。

训练方法：两人面对面对立，互相观察、纠正姿势；平常经常对着镜子纠正姿势。

2. 直

直：腰直、腿直；后脑勺、背、臀、脚后跟成一条直线。

训练方法：两人背靠背站立，后脑勺、背、臀、脚后跟都相互贴紧；靠墙练习，后脑勺、背、臀、脚后跟都紧贴墙。站立时间 20 min 左右，可配合音乐减少疲劳感。

3. 高

高：头顶上悬，尽可能使人显高。有向上感觉（指人体）。

训练方法：两人面对面站立，挺胸收腹，脖子上举，互相观察、体会；头上吊一个物体，每当你挺直上拔时，用头顶去碰触它。

在训练员的指导下或他人的帮助下，或自己对着镜子进行训练，才能纠正不良姿势，在找准规范动作时感觉后，再坚持 20 min 左右的训练，开始时间可短一些，以后再慢慢延长训练时间。

靠墙站立练习，要求脚后跟、小腿、臀、双肩、后脑勺都要紧贴墙壁。

两人一组，个子高矮相似，背靠背站立练习，要求两人脚跟、小腿、臀部、双肩、后脑勺都贴紧。

【练习】 可以采用贴墙站立训练改变站姿，具体动作是背贴墙壁，面朝前，双目平视。要求脚后跟、小腿、臂部、双肩和后脑都紧贴墙壁。要有“站如松”和身体上下处于一个平面的感觉。也可以顶书站立训练，站直，头顶放置书本，上身和颈部要挺直，收下颌，使书本不致掉落。站立时要始终坚持微笑，使规范优美的站立姿势与轻松的微笑自然结合起来，以充分体现规范站姿的美感。

二、坐姿

坐姿是一种静态造型。端庄优美的坐姿会给人以文雅、稳重、自然、大方的美感。坐姿的规范要领是：腰背挺直，肩放松；女士两膝并拢，男士膝部可分开一些，一般不超过肩宽。

（一）入座的注意事项

正确的坐姿是“坐如钟”，即坐相要像钟那样端正，给人以端正、大方、自然、稳定的感觉。基本要求是：上体自然坐直，两肩放松，两腿自然弯曲，双腿平落地上。双膝应并拢，男士可稍稍分开，但女士的双膝、脚跟必须靠紧。两手半握拳放在膝上或双手交叉放在膝间，小臂平放在坐椅两侧的扶手上，注意由肩到臂，紧贴胸部，胸微挺，腰要直，目平视，嘴微闭，面带笑容，大方、自然。如图2-4所示。

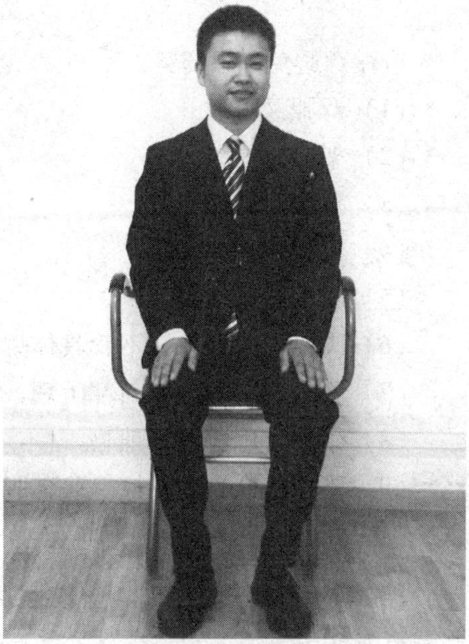

图 2-4

国际上公认的也是最普遍的坐姿是端坐和侧坐。端坐时间过长，会使人感到疲劳，这时可变换为侧坐。侧坐分左侧坐和右侧坐两种，在保持坐姿的基本要领基础上，向左（右）摆45°，两脚、两膝靠拢。无论是哪一种坐法，都应以娴熟自如的姿势来达到对别人的尊重，给人以美的印象。应注意的方面：

（1）注意顺序，当你与他人一起入座，要讲究先后顺序，礼让尊长，不能抢先就座。

（2）入座时，要轻而稳，轻盈舒缓，从容自如。若着裙装，要用手将裙子稍拢一下，不要坐下后再站起整理裙子。注意落座的声音要轻，不要猛地蹲坐，如同与别人抢座位。特别是忽地坐下，腾地站起，如同赌气，造成紧张气氛。

（3）落座时要保持头部端正、上身平直，双目自然平视，双腿自然弯曲，不要耷拉肩膀、含胸驼背、前俯后仰，给人以萎靡不振的印象。

（4）腿的摆法也是不容忽视的。两腿笔直向前、两膝分得太开、抖动腿脚、两腿并拢或八字而两膝外展，或两脚放到座椅下等，都是非“礼”的动作。

（5）在人际交往中，坐姿的选择要与不同的场合相适应。如坐宽大的椅子（沙发）时，要注意不要坐得太靠里面，应坐椅子的2/3或者1/2，不要靠背，休息时则可轻微靠背。

（6）女子入座时，注意两膝不能分开，两脚要并拢，可以交叉小腿。如果跷腿坐，注意不要跷得过高，不要把衬裙露出来，还应注意将上面的小腿向后收，脚尖向下。起立时，双腿先后收半步或右脚先向后收半步，然后站起，注意动作不要迅猛，也不要双手扶腿站起。

（7）男子如有需要，可交叠双腿，但一般是右腿架在左腿上。但不宜过高，在礼仪场合，绝不要首先使用这一姿势，因为会给人以显示自己地位和优势的不平衡的感觉。

（二）不雅的坐姿

应注意避免以下姿势：

（1）双腿叉得过开。

（2）架腿方式欠妥。

（3）双腿直伸出去。

（4）将腿放到桌子上。

（5）腿部抖动摇晃。

（6）脚尖指向他人，不管具体哪一坐姿，最好不要以脚尖指向别人。

（7）不允许双脚尖和前掌上翘。

（8）不允许以脚蹬踏他物。

（9）不得当众自脱鞋袜。脱鞋脱袜属于个人隐私和“卧房”动作，绝对不宜“当众表演”，这是很不文明的。

【练习】着职业装，练习入座、起立及坐姿。练习在高低不同的椅子、沙发及不同的交谈气氛与环境下的各种坐姿。其重点是，强调上身挺直，双膝不能分开，可以用一本书夹在双膝间，做到起坐时不掉下。

三、走姿

走姿是一种动态造型，应表现出从容、稳直、轻盈的美感。如图 2-5 所示。

（一）规范的走姿

头正。双目平视，收颔，表情自然平和。

肩平。要双肩平稳，两臂摆动。摆动时，手腕要进行配合，掌心向内，两手自然弯曲，摆动中离开双腿不超过一拳的距离。

躯挺。上身挺直，收腹立腰，重心稍前倾。精神饱满，面带微笑。

注意，一般行走的速度标准是：

步位直。在行走时，双脚行走的轨迹，应当呈现为一条直线（两脚跟走在一条直线上，两脚尖略开，脚尖偏离中心线 10°。）

步幅适当：男子 40 cm 左右；女子 30 cm 左右，不宜太大。行走中两脚落地的距离大约为一个脚长，即前脚的脚跟距后脚的脚尖相距一个脚的长度为宜。

速度平稳：行进的速度应当保持均匀、平稳，匀速前进，不要忽快忽慢。行走速度，男子每分钟 108 ~ 110 步；女子每分钟 118 ~ 120 步。

图 2-5

步高：男子脚跟离地 2 ~ 3 cm；女子脚跟离地 3 ~ 4 cm。

走路用腰力，才有韵律感。如果走路时腰部松懈，就会有吃重的感觉，不美观；如果拖着脚走路，更显得没有朝气，十分难看。

（二）男女有别的走姿

男子走路以大步为佳，女子走路以优雅为美。走姿美要“行如风”，走起路来像风一样轻盈稳健。

第一，以站姿为基础，起步时，上身略为前倾，身体重心在前脚掌上。行走时，要上体正直，头部端正，双目平视前方，挺胸收腹立腰，重心稍向前倾，面带微笑。

第二，行走时双肩平稳，双臂以肩关节为轴前后自然摆动，摆动幅度以 30 ~ 40 cm 为宜。

第三，女性行走时两只脚行走线迹应是正对前方成一条直线，即常说的一字步，或尽量走成靠近的一条直线，形成腰部与臀部的摆动而显优美，千万不要走成两条直线。相反，男性则要走成两条直线而不能走成一条直线。男性脚步要利落、稳健、雄健；女士要行如风，自如、匀称、轻柔，有明显的节律感和步韵感。

第四，步幅要适当，着装不同步幅也要有所不同。

（三）注意事项

切忌摇摆：晃肩摇头，上体左右摆动，给人以庸俗、无知和轻薄的印象，脚尖不要向内或向外，也不可晃着“鸭子”步，或弯腰驼背，低头无神，步履蹒跚，给人以压抑、疲倦、老态龙钟的感觉。

双手不可乱放：无论男女，走路时，不可把手插在衣服口袋里，尤其不可插在裤袋里，也不要叉腰，倒背着手。

目光不可乱张望：左顾右盼、四处张望、乱打量人，更不能一边走路，一边指指点点地对别人评头论足，这不仅有伤大雅，还不礼貌。

脚步不可拖泥带水：走路脚步要干净利索，有鲜明的节奏感，不可拖泥带水，踢里踏拉，抬不起脚，也不可重如打锤，砸得地动楼响。

切忌奔跑：如果碰到有急事，可以加快脚步，但忌奔跑，特别是在楼里。

几人同行不要排成行：几个人在一起走路时，不要勾肩搭背，拍拍打打，不要排成行。

走路要用腰力：走路时要用腰力，要有韵律感。穿裙子时要走成一条直线，使裙子下摆与脚的动作显出优美的韵律感。

（四）走姿的错误做法

横冲直撞：有的人在行进之时，在人群中乱冲乱撞，直接碰撞到他人的身体。这是一种极其失礼的做法。

悍然抢行：在行进时争先恐后不讲究先后次序，甚至公然抢道而行，必将为他人所耻笑。

阻挡道路：在道路狭窄之处，悠然自得地缓步而行，甚至走走停停，或者多人并排而行，显然都是不妥当的。

不守秩序：为了保证公共场所里道路的畅行无阻，每个人在此处行进时，都有遵守交通秩序的义务。不这样做，就是不讲社会公德的表现。

蹦蹦跳跳：走路上蹿下跳、蹦来蹦去，甚至连蹦带跳。这种情况，出现在少年儿童身上不算是过分，但工作人员如此，则是不允许的。

奔来跑去：假定有急事要办的话，服务人员可以在行进之时努力加快自己的步伐。但若非碰上紧急情况，则最好不要在工作之时进行跑动，尤其不能当着顾客的面，突如其来地狂奔而去。

制造噪音：行走时应做到悄然无声。要做到这一点，要特别注意三点：一是走路时要轻手轻脚，不要在落脚时过分用劲，走得“咚咚”直响。二是上班时不要穿带有金属鞋跟或钉有金属的鞋子。以防它们在接触地面时频频发出“噔噔”的响声。三是上班所穿的鞋一定要合脚，否则走动时它也会发出令厌烦的噪音。

步伐不雅：八字步、鸭子步、步履蹒跚、腿伸不直、脚尖先着地等步态，有碍观瞻。这些步态要么使人显得老态龙钟，疲乏至极，要么给人以嚣张放肆、矫揉造作之感。

【练习】顶书行走训练：头顶上放几本书，进行行走训练。行走时要头正、颈直，以纠正行走时摇头晃脑的毛病。背包持物行走训练：主要是进行背小包、持文件夹和公文包等行走训练。

四、蹲姿

（一）蹲姿规范标准

蹲姿的基本要领：站在所取物品的旁边，蹲下屈膝去拿，而不要低头，也不要弓背，要慢慢地把腰部低下；两腿合力支撑身体，掌握好身体的重心，臀部向下。

正确的蹲姿：应该弯下膝盖，两个膝盖应该并起来，不应该分开，臀部向下，上体保持直线，这样的蹲姿就典雅优美了。

两种优美蹲姿（如图 2-6 所示）：

图 2-6

（1）高低式蹲姿：下蹲时，左脚在前，右脚稍后，不重叠，两腿紧靠向下蹲。左脚全脚掌着地，小腿垂直于地面，右脚跟提起，右前脚掌着地。右膝低于左膝，两膝内侧紧靠。臀部向下，基本上以右腿支撑身体。身体形成两个重心：一是腰部，二是右大腿。手放膝盖上方，手指与膝并齐。

（2）交叉式蹲姿：下蹲时，右脚在前，左脚在后，右小腿垂直于地面，全脚着地。左腿在后与右腿交叉重叠，左膝由后面伸向右侧，左脚跟提起，左前脚掌着地。两腿前后紧靠，合力支撑身体。臀部向下，上身稍前倾。

男士可选用高低式蹲姿，不过两腿不要靠紧，两腿之间可以有适当距离。但女士无论采取哪种蹲姿，都要注意将两腿靠紧，臀部向下。特别在着裙装时则更要留意，以免尴尬。

生活工作中，常需要到低处捡拾东西或做清洁等工作，此时如果采取弯腰撅屁股的方式，那是十分不文明、不雅观、有失礼貌的行为。此时用优美的蹲姿取而代之是最好的方法。

注意：

（1）下蹲时，左脚在前面右脚稍后（或右脚在前面左脚稍后），两腿靠紧向下蹲。

（2）左（右）脚全脚着地，小腿基本垂直于地面；右（左）脚跟提起，使脚撑地。右（左）膝内侧靠于左（右）小腿内侧，形成左（右）膝高而右（左）膝低的姿势。

（3）臀部下沉，基本上以右（左）腿支持身体。

补充蹲姿三要点：迅速、美观、大方。若用右手捡东西，可以先走到东西的左边，右脚向后退半步后再蹲下来。脊背保持挺直，臀部一定要蹲下来，避免弯腰翘臀的姿势。男士两腿间可留有适当的缝隙，女士则要两腿并紧，穿旗袍或短裙时需更加留意，以免尴尬。

（二）蹲姿禁忌

弯腰捡拾物品时，两腿叉开，臀部向后撅起，是不雅观的姿态。

两腿展开平衡下蹲，其姿态也不优雅。

下蹲时注意内衣“不可以露，不可以透”。

五、礼姿

礼姿主要介绍鞠躬礼、点头礼、指引礼和握手礼。

（一）鞠躬礼

鞠躬礼是比较隆重的礼节，在现代生活中，可以说是最重的礼节之一。主要用于喜庆、哀悼的仪式中，在正式社交场合也有使用。

1．鞠躬适用场合

第一，鞠躬适用于庄严肃穆、喜庆欢乐的仪式场合。

第二，日常生活中学生对老师、晚辈对长辈、下级对上级、表演者对观众等都可行鞠躬礼。

第三，领奖人上台领奖时，向授奖者及全体与会者鞠躬行礼。

第四，演员谢幕时，对观众的掌声常以鞠躬致谢。演讲者也用鞠躬来表示对听众的敬意。

第五，遇到客人或表示感谢或回礼时，或是遇到尊贵客人，这时可行鞠躬礼。

2．鞠躬动作要领

行鞠躬礼时面对客人，并拢双脚，视线由对方脸上落至自己的脚前 1.5 m 处（15°礼）或脚前 1 m 处（30°礼）。男性双手放在身体两侧，女性双手合起放在身体前面。

鞠躬时必须腰伸直，脚跟靠拢，双脚尖处微微分开，目视对方。然后将伸直的腰背，由腰开始上身向前弯曲。

鞠躬时，弯腰速度适中，之后抬头直腰，动作可慢慢做，这样令人感觉很舒服。

在追悼会上，向遗体告别仪式上要行三鞠躬，也称最敬礼。鞠躬前应先脱帽，身体成立正姿势，目光正视，上体向前下方弯曲，约成 10°。在结婚典礼上，新人要向家长、主婚人、来客等三鞠躬。

一般的鞠躬，为一鞠躬，可以微微一弯，也可以成 45°。弯曲度数越大，礼节越重。一鞠躬常用于晚辈见长辈、学生见教师、演讲者对听众、表演者对观众等情况。

规范的鞠躬礼主要有 15°鞠躬礼、30°鞠躬礼和 45°鞠躬礼（如图 2-7 所示）。

图 2-7　行礼的方式

各种鞠躬礼的具体要求如下：

第一，15°鞠躬礼。上体前倾 15°，双目自然，正视受礼者，并注意微笑和礼貌用语。

第二，30°鞠躬礼。上体前倾 30°，双目自然，正视受礼者，并注意微笑和礼貌用语。

第三，45°鞠躬礼。上体前倾 45°，双目自然，正视受礼者，并注意微笑和礼貌用语。

（二）点头礼

点头礼作为一种无声语言和体态语言，在人们的交往中使用频繁，尤其是在各种不同情况和场合的问候和回应。规范的点头是：面正、微笑、目平视，不经意快速上扬后下点。

（三）指引礼

在公共，通常在指引方向、位置和人物时，都会使用指引礼。如：为他人指路、引导他人进场入座、为他人作介绍等。基本要求是：基本站姿，微笑，双眼自然对视受引者；右手伸开手指自然并拢，手掌 45°。

（四）鼓掌礼

鼓掌礼是在公众场合常用的一种较热烈的礼节。欢迎客人时，上级来临时，对演出表示欢迎、祝贺时，对演讲、发言者表示赞同、致意时都常用鼓掌礼。鼓掌时，目视受礼者，动作要文雅、自然，不应过分猛烈，并要随众而止，看体育比赛尽可以热烈些，但也应注意自己的身份，不可忘形失态，影响公共秩序。

（五）告别礼

告别是人际交往中的重要时段和内容。如果告别能留给人以美好的印象和久远的回味，那就是一种成功的告别。

告别时，常常有语言表达，如“再见”“珍重”“保重”“欢迎再来”等。也有动作表达，如：握手、拥抱、亲吻等。

熟人间说话结束时，一般说一声“再见”，握手告别。

客人告辞时，应以礼相送。送客一般送到大门口。客人辞行时，应一一与之握手道别，并送至门外。

赴宴入席时，一般不可中途退席，如有急事，或吃饱时，需要退席，应先向本席的主人和其他客人告辞，表示歉意才可离去。

（六）拥抱礼

拥抱礼是西方国家通用的一种礼节，我国还不多用，只是在国际交往中对比较熟的朋友才施此礼，而且仅用于同性之间。

拥抱礼的方式是双方相对，双臂张开，表示要行拥抱礼，接着右臂高，左臂稍低，两人靠近，上体接触后，双方用右臂拥住对方的左肩背部，左手稍微抱持对方的腰部，有时手可以轻轻地拍一拍对方的背部，头部向左，口称“欢迎”“你好”等，然后二人交换一下姿势，向对方右侧再行拥抱礼。

由于这种礼节我国不常用，所以在接待外宾时，应待外宾主动要行拥抱礼时，才响应对方，行拥抱礼一般不采取主动。

六、特例学习

特例主要包括陪同引导、上下楼梯、进出电梯、出入房门、搀扶帮助、变向引走等。

（一）陪同引导

陪同，即陪伴别人一同行进。引导，指在引进之中带领别人，有时又叫引领、引路、带路。

注意四个方面：一是本人所处的方位。若双方并排行进时，服务人员应居于左侧。若双方单行进时，则服务人员居于左前方 1 m 左右的位置。二是要有协调的行进速度。在陪同引导客人时，本人行进的速度须与对方协调。三是及时地关照提醒。每当经过拐弯、拐角、楼梯或道路坎坷时，需关照对方留神。四是采用正确体位。陪同引导客人时，有必要采取一些特殊的体位。

（二）上下楼梯

注意四个方面：一是要走专门指定的楼梯。有些服务单位为方便顾客，往往规定本单位人员不得与顾客走同一楼梯。二是要减少在楼梯上的停留。三是坚持“右上右下”的原则。四是要注意礼让服务对象。

（三）进出电梯

使用电梯时应注意四个方面：一是使用专用的电梯。二是要牢记住“先出后进”。乘电梯时，一般的规矩是：里面的人出来以后，外面的人方可进去。三是要照顾好服务对象。若是负责陪同引导对方，则乘电梯时还有特殊的要求。乘的若是无人电梯，服务人员需自己先进后出，以便控制电梯。乘的若是有人驾驶电梯，服务人员则应后进后出。四是要尊重周围的乘客。下电梯前，要做好准备，提前换到电梯口。

（四）出入房门

进入或离开房间时，通过房门的这一细节千万不要小视。对机关工作人员而言，需要注意五个方面：一是要先通报。二是要以手关门。出入房门时，务必要用手来开门或关门。三是要面向他人。四是要“后入后出”。与他人一起先后出入房门时，为了表示礼貌，一般自己后进门、后出门，而请对方先进门、先出门。五是要为人拉门。在拉门或推门后须使自己处于门后或门边，而不宜无意之中挡道拦人。

（五）搀扶帮助

对一些老、弱、病、残、孕之类的服务对象主动予以搀扶，以示体贴与照顾。这是给予对方的一种特殊照顾。

思考与练习

1. 仪表的着装检查。
2. 微笑训练。
3. 站姿、坐姿和走姿训练。
4. 各种礼姿训练。

第三章　学校礼仪

学生和教师是学校的主体，学生在课堂上、生活中与教师、同学相处的过程中，都要遵守一定的礼仪。教师在教书育人、服务育人、管理育人工作中为人师表作用的发挥，对学生的言行举止有着潜移默化的影响。所以，必须通过学校礼仪教育，明确学生和教师的社会要求，树立新世纪的教师和学生形象，提高学校教师的整体素质和学生整体素质。

第一节　学生礼仪的基本要求

学校作为教书、服务、管理、育人的专门场所，其礼仪教育是德育、美育的重要内容。礼仪的作用主要是靠人们的自觉来维持、靠社会舆论来监督的。即礼仪是以自律为特征的。但自律是通过他律逐步实现的，“无规矩不成方圆”就是这个道理。所以制定必要的规章制度，发展健康的舆论，形成良好的校园文化氛围，对于学生规范自身行为，克服不良的行为习惯，逐步提高自我约束和自我克制的能力是十分必要的。有意识地引导学生加强礼仪修养，可以形成良好的校园文化氛围。从礼仪角度来说，学生应该适当注意自己的形象。良好的外表形象，有助于你成功。

一、尊重他人

文明礼貌的核心就是人与人之间的相互尊重。这是对学生进行礼仪教育的基础。人际交往应注意。和自己的教师、同学交往，不要以为都是熟人，一切都无所谓。起码的礼貌、尊重，任何时候都不可以丢，即使是对自己至亲的人。因为这些是体现你的素养，体现你对别人的敬重。

（1）尊重他人的人格。比如礼貌待人，不打人，不骂人，不欺负弱者，不讽刺挖苦别人，不嘲笑别人的生理缺陷，不以自己所长攻别人所短，不乱开玩笑，不损害他人自尊心等。

（2）尊重他人的劳动。如上课认真听讲，是尊重教师的劳动；不在校园内乱丢脏物，是尊重工人师傅的劳动；在家里不浪费饭菜，是尊重父母的劳动，等等。

（3）尊重少数民族的风俗习惯和宗教信仰。

二、尊敬父母、教师、长者

（1）尊敬父母。父母生育了自己，也是自己的第一任教师。父母为自己花费了无数的心血、精力、财力。所以应该热爱父母，尊敬父母，并做到：① 听从父母的教导，与父母加强思想感情上的沟通；② 生活上体贴、关心父母；③ 尊重父母劳动；④ 在家庭中尽自己的义务。

（2）尊敬教师。教师是传道、授业、解惑者，每一个学生在学习、品德上的进步，都凝聚着教师的心血。教师工作辛苦，责任重大，应受到全社会的尊敬，尤其是广大学生的尊敬。学生应该做到：① 要从心底里尊重教师，热爱教师；② 接受教师的教育和管理；③ 虚心向教师请教；④ 尊重教师的劳动；⑤ 认真完成教师交给的任务；⑥ 对教师要有礼貌。

（3）尊敬长者。一切为社会进步做出过贡献的长辈、老年人都应受到青少年的尊重。我们应做到：① 听从长者的教诲、指导。② 在日常生活中注意一些礼节，如长者来访，要热情打招呼、起立让座等；在公共场所，见到长者要让道、让座或帮助行动不便的老年人。

三、说话文明

语言是人们交流思想、表达感情、传递信息的工具。语言文明常常是心灵纯洁、情操高尚的表现。语言粗野则是缺乏教养的表现。学生要注重使用文明语言，做到“和气、文雅、谦逊”。

四、举止有礼

行为举止是一个人道德修养的外部表现。首先表现在外部动作姿态上要给人以美感。更重要的是在待人接物上要有修养，有礼貌。平时衣着上也要注意，存在一个礼节问题。

第二节　学生日常行为规范

一、课堂礼仪

遵守课堂纪律是学生最基本的礼貌。

（一）课前

学生应按时到校上课，带齐学习用品，不迟到，不早退，不旷课。预备铃响后，应立即进入教室并准备好学习用具。上课铃响后，全体起立，向教师行礼，教师还礼后坐下上课。迟到学生必须先报告，经教师允许后方可进入教室。

学生上课，衣着要整洁。不穿拖鞋、背心，不敞胸露怀。听课要专心致志，不做小动作。不吃东西、不喝水、不嚼口香糖，不听音乐或看视频，不影响他人。不随意下座位、不交头接耳、不打哈欠、不睡觉。

（二）上课听讲

上课要求坐姿端正，注意力集中，认真听教师讲解，独立思考，重要的内容应做好笔记。有问题先举手，经教师允许后起立发言；当教师提问时，也应该先举手，待教师认可后起立回答问题。发言或回答问题时，身体要立正，态度要落落大方，声音要清晰响亮，并且使用普通话，完毕后经教师许可方可坐下。

当教师在上课时，如果学生课堂纪律很好，这会使教师感到自己的劳动得到了应有的尊重，于是内心会升起欣慰和亲切之感，思路会越讲越顺，教学水平会发挥到最佳状态。反之，当一个教师在上课时课堂纪律不好，会使他感到自己的辛勤劳动未得到尊重，于是内心会有一种沮丧、失落之感，思路会被打乱，教学效果也会受到很大影响。

所以，一堂课下来，每位教师的脸上有着各种不同的表情，有的情绪很好，余兴犹酣；有的情绪很坏，余怒未息。这种种的表情，与课堂纪律的好坏有着直接关系。

（三）下课

听到下课铃响时，若教师还未宣布下课，学生应当安心听讲，不要忙着收拾东西或把桌子弄得作响，这是对教师的不尊重。下课时，全体同学仍需起立，与教师互道再见。待教师离开教室后，学生方可离开。

二、仪表常规

学生仪表的基本要求是：合体、合适、整洁、大方、讲究场合。

根据季节变化，按学校规定着装。学校组织的大型集会，外出参加教育活动，学生要按照学校要求统一穿校服；上体育课，学生应穿运动鞋，以保证体育课安全；不穿高跟鞋、不穿背心、拖鞋和吊带服装进入校园的教室、办公室、会场等公共场所；严禁戴饰物，按照学校规定留发式；日常生活中，女生不宜化妆，特别是浓妆。

三、尊师礼仪

（一）尊重教师的劳动

尊重教师的劳动是尊师礼仪的重要方面。师者，传道授业解惑也。在当今社会中，教师的责任仍然如此。现代的教学方式是通过课堂来完成的。为了讲好每一节课，教师们都要花费很大的心血。因此，学生应以最饱满的情绪集中精神，积极思索，认真听好每一节课，这是对教师的辛勤劳动的充分尊重。教师布置的作业，是课堂教学的延续，同样灌注了教师的苦心。学生应该按时、认真、独立地完成种种作业，并且认真体会教师对作业细心批改之处，这同样是对教师的一种尊重。

学生应该虚心接受教师的批评教育。教师对每一位学生提出的鼓励或者批评，都是为了帮助学生尽快地成长起来。所以学生虚心地听取教师的批评帮助，认真地改正自己的缺点错误，同样是对教师的尊敬和热爱。教师的批评若与事实有出入，学生要在教师讲过话后平心静气地加以解释，或在事后寻找适当场合、时机加以说明。与教师发生矛盾，学生不要顶撞教师，更不要在课下散布对教师的不满情绪。

惑而不从师，其为惑也，终不解矣！这里提醒我们，学生到课堂上课的主要目的，就是为了从师而解惑。一个学生不遵守课堂纪律，不认真听讲，也就是对教师的不尊重，其为惑也，怎能解呢？同时，这又是对其他同学的不尊重，会影响别人的解惑。正因为课堂是学生从师解惑的主要场所，所以每个学生都应遵守课堂纪律，这既是对教师辛勤劳动的尊重，也是一种基本的礼貌。

学生对教师应有一种较为客观的认识，教师也是人，是人必食人间烟火，必有七情六欲，自然也就有缺点和毛病。绝大部分教师在专业上都比学生懂得多、钻得深，都有可学习的地方。因此，一旦发现教师的不足，并不需要大惊小怪，也不用失望埋怨，更不应随便给取个不雅的绰号，而应以谅解的态度与教师相处。千万不要在课堂内外，以不恭的言行损害教师的人格。当然，在适当场合的情况下，可以向教师委婉指出。但尊重每位教师应是不变的前提，否则，易于造成对教师人格的伤害。

有的教师赞扬某一班学生“好教”，好教在哪里呢？在于学生自觉认真地预习，有发现问题、解决问题的强烈愿望和实际行动，学习兴趣强，不管课内课外的知识都想了解，都想掌握，就像海绵吸水，这样的学生自然“好教”。主动学能使教师觉得“好教”，也就是协助教师教好，同时也是自己学好的保证。何况关心他人、协助教师本来就是一个学生应具有的优秀品质呢！

（二）尊敬师长的礼仪形式

尊敬师长，还应在礼仪形式上自觉地维护教师尊严。具体的礼仪形式介绍如下：

第一，虚心诚实，言行有礼。遇到教师，应该向教师问好或致意打招呼，如果楼道狭窄应给教师让道。

第二，遵行课堂礼仪。课堂礼仪除了前面介绍的内容外，还包括：听课时不能扇扇子，课堂上不能随便下位子走动，不能让桌椅发出过大的响声，不要在课堂上听 MP3、MP4，吃东西，喝水，等等。对教师讲述的内容有异议时，最好下课后单独找教师交换意见，共同探讨；若非提不可，也要注意场合和方式，态度要诚恳，谦虚恭敬，不可扰乱课堂秩序，影响授课计划。

第三，衣着整洁，姿势端正。在课堂上，夏天不能赤脚或穿拖鞋，不能穿无袖背心和吊带服，也不能穿着奇装异服。

第四，在教师的工作、生活场所，不能随便翻动教师物品。学生对教师相貌和衣着不应指指点点，品头论足，要尊重教师的习惯和人格。

四、同学间礼仪

学生时代，是人生最宝贵的时代；同学关系，是人生最宝贵的人际关系。同学间的交际具有平等性和非功利性的特点，在这一基础上建立起来的友谊，最稳定、最长久。平时最贴心的朋友，往往都是小学、中学或大学时代的同学。

（一）同学之间的礼仪

同学之间的深厚友谊是生活中的一种团结友爱的力量，注意同学之间的礼仪，是获得良好同学关系的基本条件。如何在学生时代处理好同学之间的关系？最为关键的一点是，要时时处处以礼相待。具体地说，要注意以下礼仪形式的养成及训练。

早晨同学相见时，应互相致意问早、问好。同学间可彼此直呼其名，但不能用“喂”“哎”等不礼貌用语称呼同学。在有求于同学时，须用“请”“谢谢”“麻烦你”等礼貌用语。借用学习生活用品时，应先征得同意后再拿，用后应及时归还，并要致谢。

对于同学遭遇的不幸、偶尔的失败、学习上暂时的落后等，不应嘲笑、冷笑、歧视，而应该给予热情的帮助。对同学的相貌、体态、衣着不能品头论足，也不能给同学起带侮辱性的绰号，绝不能嘲笑同学的生理缺陷。在这些事关自尊的问题上一定要细心加以尊重，同学忌讳的话题不要谈，不要随便议论同学的不是。与同学说话，能使心灵的聪慧得到交流，能使同学之间增加了解、增进情谊和相互增长知识。

与同学说话要态度诚恳、谦虚；要语调平和，不可装腔作势；还要关心听自己说话同学的兴趣和情绪。听同学说话时，态度要认真，不可做其他事，不可表示倦怠、打哈欠或焦急地看钟表；不要轻易打断别人的话，要插话或提问一定要先打招呼；若同学说得欠妥或说错了，应在不伤害同学自尊心的情况下，恳切、委婉地指出。

同学之间天天相处，难免会有一些磕磕撞撞的事或意见上的分歧。这时，要克制自己、尊重别人，心平气和地讲道理，不能使气任性，也不能用不文明的语言辱骂同学，更不能粗暴地动手打架。对同学如果有意见发表，应以委婉口气为宜，不要随便在大庭广众之下议论同学的不是。

（二）男女同学之间的礼仪

男女同学在校园内共同学习，为了大家相处得更好，双方也都应注意如下几点基本礼仪：

（1）异性同学之间，应特别以礼相待，要相互尊重，相互帮助。

（2）男同学应彬彬有礼，女同学应文雅大方。异性同学之间的接触，事前应得到女同学的许可，接触的地点要公开，举止、言谈要大方，要高雅，要有礼貌，谈话的时间要短，相互不要靠得太近。

（3）异性同学之间，不能互起绰号，不能讲粗话、脏话和庸俗的传闻，不宜久久凝视对方，不能打打闹闹。对异性同学的容貌、身材和衣着，也不应评头品足，不应伤害对方的自尊心。

（4）对异性同学的弱点、缺点或残疾，不可进行嘲讽，而应热心帮助。

（5）在体力劳动等方面，男同学应该主动关心、帮助和照顾女同学。

（6）在学校里拒绝异性同学的追求，要文明，要有分寸，不可讥笑对方，不可公开异性的求爱信函，更不可伤害对方。

（三）如何拥有好人缘

1. 完善自我

影响人际关系的主要因素不是个人的言辞和技巧，而是自身人格的完整和具有良好的品德基础。

想一想你在对待同学、朋友时，是否做到尊重、礼貌、友好、诚实、关心和信守诺言。如果你所扮演的是一个自命不凡的角色，那你的人际关系必然紧张，因为任何人都不愿和一个虚伪、冷漠、不负责任的人打交道。一个人的内涵比言辞更能影响到人际关系。处世技巧再高明，话说得再动听，没有充实的内涵，也很难得到人们的信任，就像没有播种却期望得到收获一样。

2. 站在对方角度看问题

我们常喜欢根据自己的经验来指导别人和认为别人有同样的需要。在与人打交道时，更多的是盯住别人的缺点和引起自己不快的环境，而不从自身找原因。

3. 真诚是打开心灵的钥匙

真诚是建立人与人之间信任的基础，在做了错事或给别人带来不便、烦恼时，诚恳地道歉也是真诚的一种表现。这话说来容易，但如果你是一位领导，做起来也许会需要很大的勇气。此外，同样的错误不应重复，否则你的致歉也会被看作是不真诚的。真诚还体现了人格的统一，即以同样的原则对待所有的人。

最后提醒你，建立良好的人际关系，或改善目前不尽如人意的人际状况，不是一朝一夕的事。打破多年来形成的思维模式也许是痛苦的，但如果你勇于尝试，随着时间的转移，就会惊喜地发现，一个新的自我和一种新的人际关系已出现。

五、集会礼仪

集会在学校是经常举行的活动。一般在操场或礼堂举行，由于参加者人数众多，又是正规场合，因此要格外注意集会中的礼仪。要保持集会场所的肃静和良好的秩序。

国旗是一个国家的象征，升降国旗是对青少年爱国主义教育的一种方式。无论中小学还是大学，都要定期举行升国旗仪式。升旗时，全体学生应列队整齐排列，面向国旗，肃立致敬。当升国旗、奏国歌时，要立正，脱帽，行注目礼，直到升旗完毕。升旗是一项严肃、庄重的活动，一定要保持安静，神态庄重，切忌自由活动、嘻嘻哈哈或东张西望。

六、校内公共场所礼仪

应该自觉保持校园整洁，不在教室、楼道、操场乱扔纸屑果皮或乱抹乱刻，要爱护学校公共财物、花草树木，节约用电。不要将食品带入公共场所。在食堂用餐时要排队礼让，不要拥挤，要爱惜粮食，不乱倒饭菜。须知盘中餐，粒粒皆辛苦。倒掉的是剩饭，流失的是财富。

住校学生生活在一个大家庭里，学习、生活及其他活动都是集体进行的。因而除了要求学生自觉遵守学校规定的住校守则以外，还应注意如下一些礼仪：

1. 恭而有礼

使用公物，特别是在公共场所用水或晒衣时，要“先人后己”、礼让三分。

2. 尊重集体和遵守集体的生活秩序

不随便使用、翻弄或移动别人的东西；个人用物安放在一定的地方，如遗失物品，不胡乱猜疑别人；平时在宿舍里不高声谈笑，夜间就寝后上下床动作要轻，并尽可能用微型手电筒照明，以免影响别人休息；听收音机或录音机时尽量使用耳机，或尽量把音量调轻。

3. 关心他人和重视公共安全

有同学病了，要主动关心和照顾；公共场所的清洁卫生，要自觉维护和主动打扫；不随便把外人带进学校；用电、用火都要随时注意安全。

4. 遵守作息时间

起床、入寝、自修、用膳、熄灯等，都应按照学校规定的作息时间进行。

5. 爱惜公共财物

要随手关灯，节约用水，不浪费粮食，不损坏集体宿舍的各种设备，如无意中损坏了公物，要主动承认并自觉赔偿。

七、环境卫生

对大学生来说，寝室是他们的主要生活环境之一，因此，它的面貌，在一定程度上能体现和反映出这些学生的文化修养和思想修养。所以，在寝室内要注意如下礼仪：

（1）要保持寝室整洁，定期擦洗地板、桌子、橱柜和门窗，定期打扫寝室。

（2）被褥要折叠得整齐美观，衣服、鞋帽要整齐地放置在一定的地方。

（3）换下的脏衣服、脏鞋袜要及时清洗和晾干，以免时间长了影响宿舍里的空气质量。

（4）毛巾、脚布都要挂整齐，并且不与别人的靠叠在一起，以避免相互感染。脸盆等其他洗漱用具应有规律地安放在一定的地方。

（5）重要书籍、簿册或手机等用品，不能乱丢乱放，要安全可靠地放在自己的书桌内或者橱柜内。

（6）点心、食品和碗筷等，不仅要安放整齐，还要注意密封、遮蔽和加罩，以确保卫生。

（7）寝室内簸箕、扫帚等公用物品，用后要及时放回原处，不随便乱放。开门、关窗要轻，窗要上钩，并注意随手关灯。

（8）借用他人的东西，必须得到物主的同意，用后要及时归还。东西若有损坏，该照价赔偿。

（9）在寝室内，应与在别的地方一样，不可乱叫同学的绰号，不可讲粗话和下流的话。

学生多数是刚刚离开父母，对生活尚欠理解，也谈不上有什么生活经验。在这种情况下，必然会遇上种种困难。倘若同学间能互相关心和互相帮助，就容易克服困难，就能使同学感到集体的温馨。因而，在集体生活中互相关心是必要的。

第三节　教师礼仪

教师是学校工作的主体，不仅是科学文化知识的传播者，还是学生思想道德的教育者。教师在传播知识的同时，以自己的礼仪礼貌对学生进行潜移默化的影响，从而对学生的言行举止发生作用。因此，教师必须十分注意自己的言行风度，真正做到为人师表，成为学生的表率和榜样。

一、教师的语言

（一）教师语言要规范

教师语言，言为心声，语言是人际交往的基础，也是最基本的工具。教师做的是传递知识灌输思想的工作，所以教师语言需要绘声绘色、浅显易懂。教师的语言是传递教学教育信息的主要载体，所以，要求教师遵行教师的语言礼仪礼节。

（1）教学过程中必须使用普通话。教师教书育人、传递知识，就要使用学生能够接受的语言。教师在教学教育过程中，要使用普通话，这样才能达到交流的目的；在日常工作与生活中，注意使用规范用语，尤其是礼貌用语；在专业授课时必须使用专业术语。

（2）语言要通俗易懂。化难为易，以理服人。把复杂的问题简单化，做到通俗易懂、深入浅出。

（3）语言要准确。学校中设置的每一门课程都是一门学科，有其严谨性、科学性。教师在教授时应严格遵循学科的要求，力求准确，不要随意化。

（4）语言要生动。讲课可以适时插入一些风趣、幽默的话，以活跃课堂气氛，提高学生学习的兴趣，但不要庸俗化。

（5）音量要适当，讲究声音美。讲课不是喊口号，声音不宜过高，声音过高会给学生以声嘶力竭之感，而声音太低则很难听清，一般以最后排的同学听到为宜。

教师的声音美指发声要清晰，语速要正常，语气要谦和，语音要不高不低，语言的具体发音应该正确。教师声音美主要体现在下面三点：

第一，语调、语音不能太高。在公众场合不能高声喧哗，这是一种基本礼貌。对待学生要有耐心。怎样表达你的耐心？声音要谦和。声调一高就有训斥蛮横之意。

第二，语速要适中，不能太快。语速太快会导致传递知识传递信息有难度。

第三，发音要标准。

（6）方式要适宜。教学方式要因材施教、因人施教。

（7）教师用语的忌语。

教师在课堂教学中，在面对受教育者学生的时候，有六个方面的内容不能谈，要加以注意。

第一，忌粗口。粗口就是骂人，教师骂人就是自取其辱，不可以。

第二，忌训斥。跟学生要讲平等相待，不仅不能体罚学生，更不能当众训斥学生。人都是有自尊心的。

第三，忌侮辱。不能用语言侮辱学生的人格尊严。

第四，忌讽刺。不能对学生讽刺挖苦。如："你怎么这么笨？""聪明人都到什么地方去了？"这些话不好。

第五，忌妄言。不能信口开河，妄自议论国家、政府的大政方针，不能对法律、对社会主义制度随意指点。

第六，忌乱言。不负责地乱说会误导别人。比如议论同事，议论社会上的事情，都是朋友、家人之间交流的问题，不要在学生面前议论。因为学生接触面不一样，判断能力有别，不能去误导他。在学生面前，应多展示正面的一面。

（二）现代教师礼仪用语

激励学生积极向上的话：

（1）你将会成为了不起的人！

（2）别怕，你肯定能行！

（3）只要今天比昨天强就好！

（4）你一定是个人生的强者！

（5）你是个聪明孩子，成绩一定会赶上去的。

使学生充满自信的话：

（1）孩子，你很棒。

（2）孩子，你一点也不笨。

（3）告诉自己："我能做到。"

（4）我很欣赏你在××方面的才能。

（5）我相信你能找回学习的信心。

（6）你将来会成大器的，好好努力吧。

（7）孩子，我们也去试一试？

促进学生品行高尚的话：

（1）品德比分数更重要。

（2）诚实是做人的第一美德。

（3）竞争中的公平最可贵。

（4）凡事都要问一问自己的良心。

（5）要学会说一声：谢谢。
（6）你知道关心父母，这让我很开心。
（7）我很高兴你有一颗同情心。
（8）我希望你是个懂礼貌的孩子。
鼓励学生自立自强的话：
（1）你想做的事情，由你自己决定。
（2）自己去做吧，不要依赖别人。
（3）你可以锻炼一下自己嘛。
（4）路是自己选的，就要对自己负责。
（5）你大胆去锻炼一下不是很好吗？
（6）拿出男子汉的勇气，闯过来。
（7）能够管住自己是你将来成功的保障。
（8）你自己解决这个问题吧。
（9）跌倒了，要自己爬起来。
（10）你一定要自己走路去上学。
（11）由你去交钱，好吗？
帮助学生热爱劳动的话：
（1）劳动能让你更快乐。
（2）第一次，谁都一样。
（3）你多做几次就会了。
（4）好孩子，自己的事情自己做。
（5）你也来尝尝当家的滋味。
引导学生学会与人交往的话：
（1）孩子，做人要坦荡，待人要坦诚。
（2）你要学会融入集体中。
（3）用你的诚心赢得他人的欢迎。
（4）不要随便地怀疑别人。
（5）朋友之间要相互信任和理解。
（6）同学之间要友爱互助。

二、教师的仪容仪表

（一）教师仪容

仪容是社交活动中一个人的品位和意识修养的表现，也是一个教师的修养表现。教师不管是蓬头垢面、浓妆艳抹、奇发怪服，还是精神萎靡、愁眉苦脸，都是有损形象的；而教师整洁端庄、情绪饱满、朝气蓬勃、光彩照人、成熟向上，会给学生留下良好的视觉形象。另外，教师还要注意味觉形象。如果一个教师不注意口腔卫生，带着满口的烟味、蒜葱异味和学生讲话，势必引起学生的反感。

（二）教师仪表

仪表就是一个人外在的整体的外形观，具体讲就是头部和手部的仪容、容貌，长相自然的特点，以及动态的问题，举止和表情，实际上是受教育程度的一种表现。

教师的仪表规范是：干净、整洁、文雅、美观。

(1) 要干净，身上无异味、无异物是基本的要求。你吸烟、喝酒、吃葱蒜，产生混合气味，把人熏了，别人会尊重你吗？

(2) 要整洁，要整整齐齐的。应该扣的扣子要系好，穿着西装坐下来可以解开扣子。一个人如果认真，做什么事都认真。一个人做这个事不认真，很难设想做别的事情会认真。教师是为人师表的，所以，整齐是为人处世的一种态度，这种风度要在仪表上得以体现。

(3) 文雅，显得有教养、有艺术品位。不会化妆就不要化妆，化得不好效果适得其反。工作场合浓妆艳抹不得体，演员演什么像什么，教师要干什么像什么，不能错位。有的人化妆后反倒显得没有品味与修养，身上的颜色多了，成了五颜六色的画版。传播与接受知识，师生代表的是文雅。

(4) 美观、好看、赏心悦目。教师不必冒充帅男俊女，但美观还是要的，要符合常规的审美标准。这个标准在仪表上就是和谐而得体，自然而朴实。

（三）教师的服饰

对于教师来说，服饰必须符合教师的职业要求，考虑教师的职业特点和教学环境的要求。

教师着装的基本要求，比如：干净、整洁、得体、符合身份。适应自己身材、性别、年龄的特点，都是要注意的。不要时髦新奇、艳丽花哨。

教师装饰的重要要求：简洁、庄重、符合身份。

(1) 简洁。洁就是干净整洁。为人师表，干净、整洁是必要的。衣服不干净，谁都不愿意接近你。简，就是少而精，服装要有品位。简单、简洁，没有必要过分张扬个性。

(2) 端庄。教师是一个有教养、受过良好教育、有品位的人，不能以前卫、个性、过分张扬而自居。比如，时尚的服装、超短裙就不必要，上课的时候端庄是非常重要的。

(3) 符合身份。服装装饰最重要的就是要符合身份，干什么像什么，不同场合不同行业的人着装有不同要求。装饰礼仪有一个国际规则：TOP 规则，即时间、地点、身份。这个规则告诉我们，一个人的打扮，要和时间、地点及场景相吻合，要符合身份。庄重保守是对教师装饰的基本要求，不能太前卫，不能轻浮，不能过分时尚。

教师礼仪为什么要强调教师应规范自己的服饰呢？教师要重视装饰的原因：为人师表、自尊自爱，岗位要求。

(1) 教师要重视装饰就是要言传身教、为人师表。对学生来讲，教师的穿着打扮对他起着潜移默化的作用，构成影响。随风潜入夜，润物细无声。近朱者赤。一个教师比较重视仪表服饰，他的学生也会受影响。

(2) 这是一种自律、自尊。一个教师要让别人尊重自己，就需要自尊，自尊就要严格要求自己，穿着打扮要量力而行。要干净、整洁、庄重得体。符合身份是必要的。穿着拖鞋进教室是不行的。正装的衬衫扣子要系好，第一个不系可以，第二个一定要系好。女教师不能穿着暴露透视的服装。

（3）要求教师规范装饰，也是岗位形象的要求。百年大计，教育为本，教育是一种神圣的职业，高尚的职业，是影响国家未来命运的职业。各种阶层各种人，对教师形象都有很高的要求。你的身份和形象并不单单代表个人，还代表着学校的形象，代表着国家和民族未来发展的形象，因为你会影响后辈，所以，这是岗位要求。

教师在岗位上着装六注意：

（1）要区分性别。男人要像男人，女人要像女人。现代社会男女有别，是最基本的一种区别。头发，男女都可以或长或短，但都有界限。通常情况下，女人头发不要太短甚至光头，男人不留长发。服装也是这样，男女服装各有讲究。

（2）年龄区别。老人的衣服要庄重，少男少女要有青春动感，中年人要典雅含蓄，老太太穿着超短裙就不行。

（3）要考虑形体特点。人有高、矮、胖、瘦，发型、服饰、色彩要强调协调。

（4）要注意出入的场合。教师在工作岗位上着装要注意庄重得体。提倡穿长衣、长裤、长裙，穿有帮儿的、不露脚趾脚跟的鞋子。干什么像什么，不同场合有不同的要求。

（5）要考虑时尚。教师没有必要过分得前卫和张扬，也不能太过时。好马配好鞍，应注意场合。

（6）强调规则。没有规矩就不成方圆。穿衣戴帽也有规则。非正式场合，穿衣戴帽各有所好。

仪表很重要的一个问题是发型，我们打量别人，是从头开始的，修饰头发是仪表修饰不能忽视的一个问题。美发就是修饰头发。要修饰形象，肯定有美发，这是一个重中之重的环节。美发有多种手段，比如要理发、洗发、烫发、染发。

“一张笑脸相迎，一句好话回应，一双眼睛鼓励，一颗爱心相待。”以良好的仪表、人格魅力为学生做榜样，对学生发挥影响，施加教育。

三、教师的行为风范

常人的喜怒哀乐会通过语言、表情举止反映出来，学生喜欢的教师是有亲和力的，他和蔼可亲、可敬。

（一）教师表情要注意的事项

（1）要表现出一种自然放松的状态，语言表情推崇自然而成。自然其实是一种自信，是一种见多识广的自信。怯场的人不自然。有教养的人处变不惊，临阵不慌、泰然自若的人自然放松。教师在与学生、家长等人接触时，表情不要太夸张，过分夸张会给别人华而不实的感觉。也不能没有表情，深不可测，有拒人千里之外的感觉。

（2）应该和我们的交往对象互动，要与学生表情一致，同喜同乐。

（3）表情要友善。一个有教养、真正关心学生的教师，表情是友善的，不能高高在上，冷若冰霜，对别人漠然视之。要友善，亲和效应非常强调和蔼可亲，友善来自对学生真正的爱、真正的关心、真正的平等相待，视若家人，把学生当自己人看。若当外人看，友善可能做出来，但是不真诚。真正达到亲和力的友善，是自然的，发自肺腑的。

（二）教师举止要注意的事项

（1）举止动作要标准，要正确，才是有教养、懂得尊重他人人格的教师。不应对学生指指点点，指手画脚，指着别人说三道四，那就有训斥、挖苦、讽刺之嫌。必要的话，应该手指并拢，掌心向上，“这位同学请发言”。平面移动，做到站有站相，太放松就显得没有把对方当回事，不尊重人。

（2）提倡举止动作少，动作多了不好看。必要的时候，可以辅之以形体动作，但不提倡太多。动作多了，让人眼花缭乱。动作提倡少，首先要正确，其次要少而精。

（3）教师在使用肢体语言的时候要检点，不好看的举止动作要少。当着学生掏鼻子，是不雅观的。举止检点实际上是一种示范效应，容易对学生形成榜样。小时候模仿父亲，背影就一个样。教师的语言、语气、表情、举止、动作，对学生有很大的影响，尤其是未成年人。不检点、不美观、不耐看的行为，会损害自己为人师表的高大形象，是对教师形象的自我摧残。所以教师的行为举止对学生、对自己都非常重要。

教师的行为风范，简单地说，就是要稳重、可亲，值得信赖。

一个人礼貌礼节的习惯不是先天应有的，而是后天培养的。三国时刘备告诫儿子：“勿以善小而不为，勿以恶小而为之。”千里之行，始于足下。小是大的开始，小抓不好则大不能成。讲礼貌要提倡从小事做起，从点滴做起的精神。学生时代正处于成长阶段，可塑性很大，文明行为，礼貌礼节，要在此时培养。只要同学们严格要求自己，身体力行，见诸行动，从点点滴滴做起，坚持不懈，就会养成讲礼貌的习惯，使之成为个人生活素质重要的一部分。

作为教师，应该以德为本，以德立教，做学习礼仪的先锋，为学生树立良好的教师形象，为人师表。

思考与练习

1. 结合学校的学生行为规范和礼仪要求，谈谈你如何在校园日常学习、生活中做到知行统一。写出学习体会和感想。

2. 夏天炎热，学生可以穿背心、拖鞋进校。

3. 每天上学，家里人或同宿舍人都知道，可以不与他们打招呼。

4. 在教师办公室的学生如没有特殊情况，不宜逗留太久。

5. 遵守课堂纪律是基本礼貌。

第四章　家庭礼仪

家庭是社会的基础单位，也是社会的重要组成部分，在礼仪方面，要尊敬父母尊敬长辈，家庭成员之间要以礼相待，兄弟姐妹之间要团结互助；亲属、亲戚交往相互帮助，邻里交往要互相尊重，做文明礼貌的大学生。

第一节　家庭内部交往的礼仪

家庭是人类社会生活的基本单位，家庭关系既是社会中最普遍的关系，也是历史最悠久的关系。家庭是社会的缩影。事实上，家庭也是具有自发维持能力的最小社会。每个人在家庭社会中的表现，往往和他在社会生活中的表现是一致的。不能治家，莫望治国。社会交往中的许多大道理，都应该先从家庭内部的交往做起。

一、家庭的概念与家庭礼仪

（一）家庭的概念

家庭是建立在婚姻和血缘关系基础上的亲密合作、共同生活的小型群体，是适应人类自身生产的需要而出现的社会组成单位。

人们的生产方式决定着人们的生活方式，家庭的形式随着经济基础的变化而变化，它有个历史的演变过程。家庭是从群居杂交关系的原始状态中发展而来的，其最初阶段是血缘家庭，它按辈分区分血缘婚姻，以群婚制为基础，是原始人群向氏族共同体过渡的重要环节。然后发展到对偶家庭，这是配偶在或长或短的时期内相对稳定的同居现象，还不是十分牢固的家庭形式。从对偶家庭发展到一夫一妻制家庭，是在原始社会末期，是在私有制基础上产生的社会组织形式。它是为适应生产进一步发展、要求形成各自独立的经济单位的情况下建立的。

（二）家庭的功能

家庭是社会的基本单位，它同整个社会的联系十分密切，是社会生活的基础和必不可少的组成部门。家庭和社会之间的关系可以说是局部和整体的关系，整个社会的经济、政治、文化等领域能制约、渗透、影响各个家庭的存在和发展，家庭是社会的缩影。家庭又是社会的细胞，它为人们提供社会生活的最基本环境，如果家庭的存在和发展是健康的、稳定的，对社会生活和经济发展就能起到促进和稳定作用；反之，家庭的存在和发展是不稳定的，不健康的，甚至遭到破坏，那么，对社会生活和发展就会起破坏作用。

家庭是具有多功能的小型社会群体。一般来说，家庭具有生产、消费、抚育和赡养、教育、社会交往等各种功能。家庭的生产功能是指在个体经济存在前提下，生产是以家庭为单位来进行的，这样的个体家庭具有生产功能。家庭的消费功能是指家庭也是一个消费单位，生活资料的消费，主要是以家庭为单位进行的。家庭抚育和赡养功能，是指人口的再生产，是任何其他社会组织形式不能代替的，家庭成员有抚育子女和赡养父母的义务。除学校以外，家庭就是教育后代的重要阵地。家庭的社会交往功能，是指作为一个家庭，必然存在着家庭成员之间、朋友之间、亲属之间以及与其他社会成员、组织之间的相互交往关系。正确处理好这些关系，是家庭存在和发展的基本条件。一个家庭，每天都少不了对这些关系的处理。

家庭的功能有生产、消费、生育、抚养、情感、教育等。个体在家庭中的礼仪活动，主要是以实现这些功能为目的，采取互相帮助、分担义务、互敬互爱、和睦相处的方式，来保护和加强家庭关系。家庭中的人际关系，一般是稳定、亲密融洽、不可替代的，家庭是个体成长的摇篮，是进入社会的基本条件。无论是婚姻还是家庭都是因爱而缔结、组成，因爱而维系发展。爱是婚姻的母体，是家庭的轴心。婚姻和家庭是爱的源泉和摇篮。爱是联络家人感情、沟通思想信息，以达到互相理解体谅、使家业兴旺的唯一酵母。

（三）家庭礼仪

家庭礼仪，指的就是人们在长期的家庭生活中，用以沟通思想、交流信息、联络感情而逐渐约定俗成的行为准则和礼节、仪式的总称。幸福是建立在礼仪的基础上的。“相敬如宾、白头偕老”阐明的就是夫妻间也要有礼节才能幸福一辈子的道理。“父子和而家不败，兄弟和而家不分，乡党和而争讼息，夫妇和而家道兴”，可见“和”是关键。这个“和”用今天的话来解释，也就是相互谦恭有礼的意思。家庭礼仪在现代社会生活中发挥着重要的作用。简单地说，家庭礼仪是维持家庭生存和实现幸福的基础，家庭礼仪能调节家庭成员之间达成和谐的关系，家庭礼仪也有助于社会的安定、国家的发展。

二、如何与父母相处

今天，当许多年轻人与父母相处在一起时，总有一些不自在的感觉。这种现象产生的根本原因就是在行为认识方面的差异。

首先，在价值观念的理解上，青年人大多对传统观念持否定的态度，生活、工作中富有创新和冒险精神，不喜欢循规蹈矩。对传统有全盘否定趋向。年长者由于年龄大，社会阅历丰富，为人处世显得持重、沉稳。造成两代人之间差异的原因在于年龄差距大，所处的时代不同及社会经历不同，从而导致了两代人的矛盾。比如老年人就喜欢搞点储蓄，而有的年轻人却当“月光族”，超前消费。

其次，在生活方式上，年轻人会尽可能地丰富自己、丰富生活，而年长者的选择却趋于单一。两代人生活在同一社会的不同环境中，年轻人选择趋于现代化，而父母则以经验、教训对年轻人的选择进行干预，从而导致子女对父母的不满、不信任。

两代人的差异是必然发生的，从某种意义上说，没有代际差异就不能促进社会发展。年轻人是社会延续的继承者，又是新生活的开拓者。年长者应尽的义务在于：既把社会的优良传统传给孩子们，又能充分发挥他们的创造性。年轻人在如何对待父母方面，应该注意以下几点：

（一）互相尊重

只有相互理解，才能真正做到人与人之间的相互尊重。无论父母与子女都要做到对两个重要时期的理解：

（1）当两代人是中青年与婴幼儿的关系时，关键是父母对子女的理解。为人父母，对待孩子要尊重，要多爱护，多关心，要保护其幼小的心灵不受伤害。这时的子女，由于年幼，经常会给父母带来许多意料之外的麻烦，而父母应不厌其烦地帮助、照顾和教育孩子，给孩子上好人生第一课。

（2）随着时间的推移、年龄的增长，两代人变成了老年和青年的关系，这时关键是年轻人对老年人的理解。父母进入老年后，有其特殊的心理特征，普遍显得有些啰唆，爱唠叨。子女应多体谅他们，加倍关心爱护他们，绝不要伤害他们。父母离开工作岗位后，心里普遍有一种失落感、孤独感，子女应多花些时间，常回家看看，多陪老人谈心，说一些宽慰的话，这是对老年人心灵上的安慰。他们想得到子女理解的心情，与年幼的孩子想得到父母的理解是一样的。老还小，老还小。上了年纪后，人的生理和心理同样衰退了，脆弱了，需要关爱呵护。

（二）孝敬和赡养父母

孝敬和赡养父母，是我们中华民族的传统美德，是每个儿女应尽的义务，也是个人修养的一种体现。孝敬是指子女在家庭关系中对父母的尊重、理解和体谅。国家一直把孝敬、赡养父母这一美德，作为社会精神文明的组成部分，并有力地证明了这一道理。对于那些不尊敬、不赡养父母，甚至虐待父母的行为，应视为丑恶，并给予批评、谴责，严重的还要依法追究责任。孝敬和赡养父母，应做到以下几点：

首先，在经济上负担父母生活费的儿女，平时要注意对父母的态度，要理解父母的反复叮嘱，不能因为自己负担了父母的生活费，就对父母流露出不敬，甚至厌烦的态度，要常想父母多年的养育之恩。

其次，不论是否负担父母的生活费，对父母都应尊敬。特别是在给孩子吃东西的时候，应先礼让父母，以示敬意，不要只顾给孩子吃，那样对教育孩子也不利。

再次，让老人有一个愉快、幸福的晚年，也是做晚辈的应尽的义务，既美化了社会风貌，也增进了家庭的和睦。尊老爱幼的风气是我们要发扬光大的。谁都有老的一天，让老人感到家庭的温暖、温馨，是我们每个人的责任和义务。

2012 年全国妇联老龄工作协调办、全国老龄办等发布新“二十四孝”行动标准，为我们孝亲敬老指明了方向，其内容主要是：经常带着爱人、子女回家；节假日尽量与父母共度；为父母举办生日宴会；亲自给父母做饭；每周给父母打个电话；父母的零花钱不能少；为父母建立“关爱卡”；仔细聆听父母的往事；教父母学会上网；经常为父母拍照；对父母的爱要说出口；打开父母的心结；支持父母的业余爱好；支持单身父母再婚；定期带父母体检；为父母购买合适的保险；常跟父母沟通；带父母一起出席重要的活动；带父母参观你工作的地方；带父母去旅行或故地重游；和父母一起锻炼身体；适当参与父母的活动；陪父母拜访他们的老朋友；陪父母看一场老电影。

【案例】石碗的故事：儿媳妇对婆婆不好，孙子用石头做石碗，妈妈问他在做什么。儿子说你这样对待奶奶，我给你做石碗，你老了就用石碗吃饭。儿媳妇听后深有触动，从此改变了对待婆婆的态度。

三、夫妻间如何相处

能否正确处理好夫妻关系，关系到自己一生的生活是否幸福美满。因此，对夫妻关系的处理就成为人们议论最多的话题。夫妻之间要和而不同。夫妇同心，其利断金。社会主义社会正确处理夫妻关系的道德规范包括以下方面：

（1）互相尊重。夫妻共同生活，首先要互相尊重对方的人格、情感、工作和意见。丈夫不要以压服妻子为荣，妻子也不要以慑服丈夫为快。

（2）互相爱护。一般情况下，不相爱不会结婚，结婚之后不再相爱的夫妇也是有的，我们在这里说的夫妻互爱，是指夫妻双方都要努力维护和发展爱情的纯洁，都要忠于自己的爱情，不能朝三暮四，喜新厌旧。

（3）互相信任。夫妻要以诚相见。除了工作中或组织上要求对自己的亲人保密的事情外，其余事情夫妻都要相互公开。这样，夫妻才能做到心怀坦荡，安乐相处，有事共同商量，有困难共同克服，有缺点共同改正。夫妻如果不能推心置腹，肝胆相照，还无端疑神疑鬼、互相提防，夫妻之间的恩爱之花就会逐渐枯萎、凋落甚至酿成悲剧。

（4）互相勉励。爱情是推动双方搞好事业的巨大力量。夫妻是漫长生活道路上的伴侣。生活的道路也许是平直的，也许是曲折艰险的。因此，夫妻二人既要能享受阳光雨露滋润的欢乐，又要能经受风霜雪雨磨炼的悲怆，互相勉励，互增勇气，互给力量，共同走向光明的未来。

（5）互相帮助。生活的征途就像大海中的航船，有时风平浪静，一帆风顺；有时会风起云涌，险情迭现。在日常生活中，夫妻需要互相帮助，遇到意外的事情更需要爱人的力量。金无赤金，人无完人。只有二人相互帮助，才能长短互补，相得益彰。

（6）互相谦让。谦让是一种美德。夫妻相处也是如此。不要自以为自己什么都比对方好，不要以己之长比对方之短，更不要盛气凌人。求同存异，可以作为互相谦让的一条原则。遇到问题后，夫妻二人要心平气和地商量，以便取得一致的意见，只要大的方面一致了，小的方面也就不要斤斤计较了。夫妻之间要求大同，存小异。

（7）互相体谅。能够谅解人、体贴人的品行是非常高尚的，夫妻是否能互相谅解对夫妻感情的好坏有很大的影响。若对方因工作太忙等原因不能顾及家庭，应采取谅解态度，自己多承担一些。

（8）互相慰藉。人在事不遂心、碰到意外变故、受处分等情况下，会情绪低落、急躁、苦闷，甚至产生轻生的念头。越是在这种时候，越是需要爱人的抚爱和宽慰。

四、兄弟姐妹之间的交往

在家庭内部的交往中，兄弟姐妹之间的关系占有举足轻重的地位。兄弟姐妹之间的和睦相处对家庭的愉快幸福是十分重要的。相反，若同室操戈，就会出现家无宁日的局面。上阵亲兄弟，打仗父子兵。家和万事兴。一家不和邻里欺。

相互尊重、相互谦让、相互支持、相互帮助是处好兄弟姐妹关系的前提条件。在交往中，哥哥姐姐的为人处世往往是弟弟妹妹的直接榜样，因此，兄姐在与弟妹交往中应以身作则。“榜样的力量是无限的。”哥哥姐姐在弟弟妹妹遇到困难的时候，应当耐心诚恳地帮助他们，切不可流露出不屑回答和不耐烦的态度。当弟弟妹妹有了错误时，要晓之以理、动之以情，要使他们认识到错误的原因所在，不要大声斥责，以免伤害他们的自尊心，引起他们的反感。

弟弟妹妹在家中应该尊重哥哥姐姐，把他们当作知心人，遇到问题或困难应主动争取他们的帮助，犯错误的时候，应虚心接受哥哥姐姐的批评，耐心听取他们的建议。哥哥姐姐的劝告有时比父母的劝告更容易被接受。

兄弟姐妹长大成人以后，特别是各自建立了自己的家庭以后，会遇到一些新的问题、新的矛盾，特别是在住房和继承遗产的问题上，涉及很多的切身利益，容易引起家庭纠纷，那么相互理解、相互谦让就显得特别重要，这是维系每个小家庭和睦相处、相互亲和的一条纽带，也是兄弟姐妹手足情深的一种具体体现。

在平时，兄弟姐妹之间应当经常互相走动，以免感情淡泊，在任何一方有困难时，大家应当尽力帮助，节假日可互相邀请，团聚畅叙一番，总之，要保持经常接触，使手足之情地久天长。

第二节　家庭外部交往的礼仪

一、与亲属、亲戚交往的礼仪

人与人之间，因血缘关系和婚姻而构成了亲属系统。亲属系统又分为两大类，即亲属类和亲戚类。亲属包括直系、旁系两种，直系是指血统相连续者之间直上直下的关系。旁系则指血统出于同源者的关系。亲戚是指因婚姻关系而形成的关系。

不论是亲属或亲戚，都是人际关系中较为亲近的一种关系。因此，在相互往来时，对这种联系应有亲密感，否则就会出现远亲不如近邻的局面。不能因对方贫穷而不见，或因对方卑微而鄙薄，而一旦对方富有则奉承，一旦对方有权势则巴结。嫌贫爱富，是亲属、亲戚之间交往的大忌。应当一视同仁，平等相待，热情大方。对一些有困难的亲属、亲戚，也应当根据情况予以一定的帮助。对有求于己的亲属、亲戚，只要是不违背法律或原则的，也应当真挚相助，量力而行；实在是自己难以予以帮助的，应当坦率地予以说明，并帮助提些新建议，想些新办法；对违背法律或原则的事，则要给对方讲清道理，分清是非对错，指出利害关系。对一些近亲或往来的亲属、亲戚，由于相互间情感联络较多，双方也较理解、随便，那么就可以少讲一些客套；而对那些远亲或不常来往、甚至极少来往的亲属、亲戚，则应当视对方为贵宾、稀客，给予热情的款待，使对方消除拘谨的感受，当然，也要防范个别坏人假借自己素昧平生的远亲来欺诈诓骗。

当亲属、亲戚相聚时，对一些辈分高、年龄大的亲属亲戚应当礼让，更要防止对官大财多的客人极端热情，而置其他客人亲属、亲戚于不顾，使他们感到困窘，并因受到冷遇而不愿与他往来。同时也要注意不要只顾亲属、亲戚的面子而置其他客人不顾，使其他客人难以继续待下去，而心中对你产生不满。在工作单位，不可不顾党纪国法和群众的舆论与呼声，任意为自己的亲属、亲戚寻门路，搞提拔，任人唯亲，使纯正的亲属、亲戚关系蒙上财、权、利的庸俗面纱，最终会影响到亲属、亲戚往来关系的发展。

二、邻里交往的礼仪

邻里关系搞好了，邻居就是比亲戚还亲的亲人，他会让你受益许多，所以要正确对待你的邻舍，处理好彼此之间的每一件小事，要学会关心别人、体谅他人，让一让生活更美好！有事多商量，无事多来往，能亲如一家离不开多来往、互谦让，关系越拉越近，偶尔有些摩擦也不会在意。邻里之间的关系是平日一点一滴攒起来的，一点小事你敬我一尺，我敬你一丈，路越来越宽。

俗话说："和得邻里好，如同拾片宝。"千金买屋，万金买邻。搞好邻里关系，既增加相互之间的友谊，又有利于家庭生活，是应给予足够重视的。邻居之间因聚居一处，低头不见抬头见，常为烦恼而平凡的小事相互往来。然而，聪明的人就会从中体会到一种特有的生活趣味，而某些人则因不善于处理好这种关系，搞得邻里之间剑拔弩张，相互怒目而视，失去一个和谐友好的生活环境。所以，邻居之间一定要互助互让，不疏不近，经常往来，不断沟通。搞好邻里关系，要注意以下几个基本原则：

1. 相互了解

这是处好邻里关系的基础。由于人的经历、学历、家庭影响、工作环境等不同，人的性格、兴趣和爱好也是有所不同的。有的喜欢动，有的喜欢静；有的注重学习和工作，有的注重游戏和娱乐；有的善于社会交际，有的愿意单独活动；等等。家庭情况更是千差万别：有的是小两口一个孩子的青年式家庭，有的是祖孙三代的全家福家庭，有的是鳏寡式家庭，有的是继父继母组成的再婚式家庭。各种不同的性格，各式不同家庭，要有适合的相处方法。只有了解了邻居的性格、家庭情况，才能因人而异地和他们交往。在一起聊聊天，既能增强了解，又能交流思想，加深感情。年深日久，邻里友谊与日俱增。有陌生人敲邻居的门，顺便问一声，可能就把小偷吓唬跑了，帮助邻居避免了一场灾难。

2. 互相尊重

邻里相处必须遵循人人平等、家家平等的原则，这是社会主义制度规定的，又是发展社会主义邻里关系必须坚持的。邻里之间，不论从事什么职业，担任什么职务，只是社会分工不同，没有高低贵贱之分。大家都生活在社会主义大家庭里，都享有法律规定的同样权利，负有同样的义务。这样，才能不自卑，不自傲，互相尊重，友好相处。互相尊重，首先要从自己做起，言而有信，以礼待人。借用邻居的东西，用后要立即送还，并表示谢意；损坏东西要主动赔偿。占用公用地方要商量；借用别人地方，要经过允许。使用公共设施，要爱护，并主动打扫卫生。在楼上，做活计，放东西，要替楼下着想；在楼下，要照顾楼上方便。大家都尊重别人，就形成了互相尊重的风气，邻里和睦，关系融洽。

3. 互相谦让

邻里之间，长年累月朝夕相处，难免会有磕磕碰碰的插曲。有的可能会因为使用公共设施，产生意见；有的可能会因为孩子，发生一点口角；有的可能因为使用一块地皮，发生一点纠纷；有的可能计较一两句话，产生一点摩擦；等等。发生这些矛盾、摩擦，甚至口角、纠纷，都是不足为奇的，关键是怎样处理好矛盾。处理好矛盾的关键在于互相谦让。古代有宰相家里来信说邻居占了自家的土地，于是宰相写信道："千里修书只为墙，让他三尺又何妨，万里长城今犹在，不见当年秦始皇"，从而避免了一场争执。谦让一直是中华民族的一种美德。谦让，可以避免或妥善解决矛盾。发生了矛盾，要互让互谅。没理要让一步，有理的也应让步。饶人不是痴汉，痴汉不会饶人。让步不是无能，而是有觉悟、有修养、有风度的表现。彼此采取宽容谦让的态度，既不会伤了和气，又不会失掉自己应得的利益，两全其美的好事，我们何乐而不为呢？

4. 互相帮助

在社会主义制度下，一方有难，八方支援，邻里之间，更是责无旁贷。邻居患病，要表示关心，如需要投医问药，住院治疗，要主动帮助联系。邻居日常生活中遇到困难要帮助解决，邻居家里发生纠纷，要做和解工作，邻居家有喜事，要主动帮忙。帮助别人，为别人做好事，使人由于你而愉快，因你的存在而欣喜，因你的出现而鼓舞。反过来，你也会得到别人的关心与帮助。须知感恩回报，礼尚往来，是人的共性要求。

5. 互惠互酬

邻里交往，应立足于给予，体察别人。站在他人的立场上，多替他人着想，多帮助、给予他人。你想邻居善待你，首先你就要善待他人。

总之，不论是怎样的邻居，都应当保持相互友好的关系和情感的沟通，使之犹如涓涓细流持续不断。同时，在交际时注意方式、方法和技巧，使大家能相互关照，共同创造一种良好的邻里关系，才能使每个人在这种关系中各得其所，各得其乐。

思考与练习

联系实际，谈谈为什么要孝敬父母，怎样孝敬父母。

第五章　公众基本礼仪

人际交往的有序进行，不仅要受自然规律的制约，而且必须受一定的社会规范的约束。在这些规范中，很重要的一个方面就是礼仪规范。要想在交际生活中与他人顺利愉快地交往，必须懂得各种基本礼仪并能在日常生活中良好运用，才能在日常行为中行为得体、举止有度，成为受公众欢迎的人。可以说礼仪是人际交往的通行证。

第一节　日常行为礼仪

在日常生活中，我们的生活在一个有序的状态下进行，人们都遵守着一定的规范和行为规则。

一、尊老爱幼

尊老爱幼，既是中华民族的传统美德，同时，也是公民的法律义务。老人是社会贡献者，儿童是国家的希望和未来；同时，老人年迈力衰，儿童年幼体弱，均属社会弱势群体。因此，需要全社会给予他们特别的照顾。我国宪法规定，父母有抚养教育未成年子女的义务，成年子女有赡养扶助父母的义务，禁止虐待老人、妇女和儿童。

尊老的基本要求是：第一，在家里对老人不仅要从物质生活上给予赡养和照顾，还要在精神生活上给老人以尊重、体贴和安慰，不许嫌弃老人、虐待老人，要依照法律义务和道德责任保护老人的合法权益；第二，在社会上积极倡导敬老、尊老、助老的道德风尚和热心为老人办好事、办实事的优良作风；第三，在公共场所尽量为老人提供方便，如帮助老人搬重物、上下车、过马路等。

爱幼的基本要求是：第一，在家庭中父母对子女要承担起抚养和教育的责任，既要从生活上关心和照顾子女，又要注意用远大的理想、高尚的道德和先进的科学文化知识教育子女；第二，在社会上要热心参加儿童、少年社会福利事业，关心、爱护和帮助儿童、少年健康成长，反对迫害、摧残、遗弃儿童的行为；第三，优生、优养、优育。

二、女士优先

女士优先最早来源于西方的骑士教育，主要内容一方面是将男孩培养成为骑士，另一方面就是尊重女性，为女性服务，从而形成了让西方人骄傲的女士优先的社交礼仪，每一位有教养的绅士都应具有这种品格和风度。女士优先还主要因为女性是生活中的弱者，并且在生活中承担着比男性更多的责任和义务。在社交场合，男士应尊重女士，适时照顾女士，帮助女士。如果摆大男子汉的架子，不给女士应有的尊重，或当女士需要帮助时视而不见，自然会受到众人的批评。

女士优先具体表现为：不管是在户内还是在户外，男士和女士两人走在一起，女士总是在男士前面穿过大门和狭窄的走廊。在通过崎岖的地面时，男士应走在前面。如果女士穿着高跟鞋或需要帮助，男士应适时伸手相助。乘坐轿车时，男士应该走在女士前面，为女士打开车门，协助女士上下车。当男士与女士并排行走时，男士应走外侧。当一个男士与两个女士在一起时，男士不应该夹在中间。宴会或就餐时，男士要主动为女士拉开坐椅，协助女士坐好。

三、做客礼仪

到亲友同事家做客，是一件愉快的事，特别是受人之邀，前往做客，更使人感到幸福。为了商议事情、洽谈商务等，要到对方单位或家中拜访，则是一种负有使命的活动。不论何种情况，都应讲究做客的礼仪，以体现出应有的修养。

（一）做客的准备

1. 预约

做客要事先和对方预约，不要唐突而至，搞得人家措手不及。做客的时间要选择在主人方便的时候，不要在太早或过晚的时间做客，还要避免吃饭和午睡时间。晚上做客，时间不应太长，以免影响主人休息；约会时间定下后，就不要失约。要按时到达，不要迟到，让主人着急；也不可过早，使主人来不及准备。确实因特殊原因不能如约前往时，要及时向主人说明，另行约定时间。

2. 仪表

做客动身之前，要注意修饰一下自己的仪表。一般的活动可不必过分修饰。如果是比较重要的约会，应梳理头发，刮净胡须，服装整洁，鞋子干净，显示出对会见的郑重和对对方的尊敬。仪容不整、满身脏污地去做客，是不礼貌的。

3. 其他准备

做客时，根据需要，可以带上一些礼品，以表示对主人的情意。第一次会面，还要带上名片，以便主人更好地了解自己，有助于建立较稳定的联系。

（二）进门前后

到达主人家门口，看看鞋子上是否带有泥土，如果有，应当擦一擦，然后再按两下门铃，没有门铃的，就用中指关节叩两三下门。如果没有回答，可以重复一次，并询问一声："有人吗？"如果门开着，说明家里有人，但也不要直接进去，要轻轻叩门两下，等主人开门迎接时再走进去。进门后，反身把门轻轻关上，再把雨具、大衣放在指定的位置或交主人放置。如果带有小孩，要让小孩向主人家的人称呼问好，并教育孩子不要乱跑。带有礼品的，同时把礼品献给主人。

进入会客室，不要忙于入座，要对主人表示问候，等主人示意座位后，再坐下来。如有其他客人，则应向其致以问候，并坐在一旁，不要立即与主人长谈，以免打断他们的谈话。接受主人献茶、敬烟，要欠一欠身体，说声“谢谢”。主人端上果品，要谦让一下先到的客人，然后自己再取。主人为自己削果皮，要说：“谢谢，我自己来。”如果拜访的是初次相识者，这时可递上名片，然后再进入交谈。做客时，烟要少抽，茶要慢慢品尝，果品要小口细嚼，烟灰要弹在烟灰缸里，果皮核不要乱扔。坐姿要自然大方，既不要过于拘谨，也不要大大咧咧，不要随便起立，随意走动，不要东张西望，更不要乱翻主人的东西。

做客时，如果主人家没烟灰缸，说明主人不抽烟，应当尽量克制自己，不要抽烟，以免搞得满屋烟雾，使主人难受。实在要抽，可以先问一声：“我抽支烟可以吗?”如果有女士在，更应当先问她一声：“我抽支烟，你不介意吧?”主人给点烟时，要说声“谢谢”。主人递烟，即使自己带有烟，也不要拒绝主人的烟而抽自己的。如果你不会抽烟，可以说：“谢谢，我不会抽烟。”

交谈中想去厕所，这是很难堪的，但也必须解决。男客不妨问一下男主人：“厕所在哪儿?”女客问女主人也同样较为合适。如果主人为异性，我们不妨借鉴国外的做法，问一下：“洗手间在哪儿?”或“浴室在哪儿?”我国不少地方把厕所用“一号”代称，这也是解决“难以启齿”问题的好办法。

（三）告辞

交谈时间要适可而止，主人确实兴致很高，谈的时间不妨长一些；主人显出无话可说了，就应立即把自己要谈的话尽快谈出来；如果主人频频看表，就应当知趣地赶快起身告辞了。告辞时要表示一下谢意，离开前不要忘记取回雨具、大衣等物，免得主人发现了再去追你。走出门口，要回身道一声“再见”，如果主人还要送一送，可以说：“请留步!”如果主人在门口目送，则说一声：“请回!”然后挥手离去。

四、馈赠礼仪

人们相互馈赠礼物，是人类社会生活中不可缺少的交往内容。中国人一向崇尚礼尚往来。《礼记·曲礼上》说：“礼尚往来，往而不来，非礼也，来而不往，亦非礼也。”

馈赠，是与其他一系列礼仪活动一同产生和发展起来的。有一点是肯定的，即在礼的内涵中，除了有表示尊敬的态度、言语、动作、仪式外，还有一个重要的含义，就是礼物。随着社会生活的进化和演变，礼物能传达情感的观念被广大人民所接受和认同，从而使馈赠的内容和形式逐渐融汇在五彩缤纷的社会交往中，并成为人们联络和沟通感情的最主要方式之一。

我们要把馈赠礼物、正常交往中的送礼与收买贿赂、腐蚀拉拢区别开。在现代人际交往中，礼物是人们往来的有效媒介之一，它像桥梁和纽带一样直接明显地传递着情感和信息，深沉地寄托着人们的情意，无言地表达着人与人之间的真诚关爱。

（一）馈赠原则

馈赠作为社交活动的重要手段之一，受到人们普遍肯定。得体的馈赠，恰似无声的使者，给交际活动锦上添花，给人们之间的感情和友谊注入新的活力。

认真研究和把握馈赠的基本原则，是馈赠活动顺利进行的重要前提条件。

1. 礼品选择的原则

礼品有贵贱厚薄之分，有善恶雅俗之别。礼品的贵贱厚薄，往往是衡量交往人的诚意和情感浓烈程度的重要标志。然而礼品的贵贱与其价值并不总成正比。因为礼物是言情寄意表礼的，是人们情感的寄托物，人情无价而物有价，有价的物只能寓情于其身，而无法等同于情。

礼品的选择，要针对不同的受礼对象区别对待。一般说来：对家贫者，以实惠为佳。对富裕者，以精巧为佳。对恋人、爱人、情人，以纪念性为佳。对朋友，以趣味性为佳。对老人，以有利于身体健康为佳。对孩子，以启智新颖为佳。对外宾，以特色为佳。

选对礼物确实是一件不容易的事，但只要肯花心思和时间，是可以做得很好的。建议：① 买对方喜欢的；② 买适合对方的；③ 买对方实用的；④ 买便于携带的；⑤ 买有纪念意义的。

2. 时机原则

就馈赠的时机而言，及时适宜是最重要的。中国人很讲究“雨中送伞”“雪中送炭”，即要注重送礼的时机。因为只有在最需要时得到的才是最珍贵的，才是最难忘的。

我国是一个节日较多的国家，在传统节日相互赠送相应的礼品，会使双方感情更为融洽。另外，在对方的某些纪念日，以礼品相送也会起到很好的效果。

因此，要注意把握好馈赠的时机，包括时间的选择和机会的择定。一般说来，时间贵在及时，超前滞后都达不到馈赠的目的；机会贵在事由和情感及其他需要的程度。“门可罗雀”时和“门庭若市”时，人们对馈赠的感受会有天壤之别。所以，对于处境困难者的馈赠，其所表达的情感就更显真挚和高尚。

3. 效用性原则

同一切物品一样，当礼以物的形式出现时，礼物本身也就具有了价值和实用价值。就礼品本身的实用价值而言，人们经济状况不同，文化程度不同，追求不同，对于礼品的实用性要求也就不同。

一般说来，物质生活水平的高低，决定了人们精神追求的不同，在物质生活较为贫寒时，人们多倾向选择实用性的礼品，如食品、水果、衣料、现金等；在生活水平较高时，人们则倾向于选择艺术欣赏价值较高、趣味性较强和具有思想性、纪念性的物品为礼品。

因此，应视受礼者的物质生活水平，有针对性地选择礼品。

4. 投好避忌的原则

由于民族、生活习惯、生活经历、宗教信仰以及性格、爱好的不同，不同的人对同一礼品的态度是不同的，或喜爱或忌讳或厌恶，等等，因此我们要把握住投其所好、避其禁忌的原则。

这里尤其强调要避其禁忌。馈赠前一定要了解受礼者的喜好，尤其是禁忌。例如，中国人普遍有“好事成双”的说法，因而凡是大贺大喜之事，所送之礼，均好双忌单，但很多人忌讳“4”这个偶数，因为“4”的读音听起来像“死”，是不吉利的。再如，白色虽有纯洁无瑕之意，但中国人比较忌讳，因为白色常是悲哀之色和贫穷之色。同样，黑色也被视为不吉利，是凶灾之色、哀丧之色；而红色，则是喜庆、祥和、欢庆的象征，受到人们的普遍喜爱。另外，我国人民还常常讲究给老人不能送“钟”，给夫妻或情人不能送“梨”，因为“送钟”与“送终”“梨”与“离”谐音，是不吉利的。这类禁忌，还有许多需要我们去规避，这里就不一一列举了。

（二）赠礼礼仪

要使交往对象愉快地接受馈赠，并不是件容易的事情。因为即便是你在馈赠原则指导之下选择了礼品，如果不讲究赠礼的艺术和礼仪，也很难使馈赠成为社会交往的手段，甚至会适得其反。那么，馈赠时应注意哪些艺术和礼仪呢?

1. 注意礼品的包装

精美的包装不仅使礼品的外观更具艺术性和高雅的情调，并显现出赠礼人的文化和艺术品位，而且还可以使礼品产生和保持一种神秘感，既有利于交往，又能引起受礼人的兴趣和探究心理，从而令双方愉快。好的礼品若没有讲究包装，不仅会使礼品逊色，使其内在价值大打折扣，使人产生“人参变萝卜”的缺憾感，而且还易使受礼人轻视礼品的内在价值，而无谓地折损了由礼品所寄托的情谊。

2. 注意赠礼的场合

赠礼场合的选择，是十分重要的。尤其是那些出于酬谢、应酬或有特殊目的的馈赠，更应注意赠礼场合的选择。通常情况下，当众只给一群人中的某一个人赠礼是不合适的，因为那会使受礼人有受贿和受愚弄之感，而且会使没有受礼的人有受冷落和受轻视之感。

给关系密切的人送礼也不宜在公开场合进行，只有礼轻情重的特殊礼物才适宜在大庭广众面前赠送。

最好当着受礼人的面赠礼。赠礼是为了巩固和维持双方的关系，赠礼也必须是有针对对象的。因此，赠礼时应当着受礼人的面，以便于观察受礼人对礼品的感受，还可有意识地向受礼人传递你选择礼品时独具匠心的考虑，从而激发受礼人对你一片真情的感激和喜悦之情。

除此之外，也可以选择邮寄赠送或托人赠送。

注意赠礼时的态度、动作和言语表达。只有那种平和友善的态度，落落大方的动作并伴有礼节性的语言表达，才是令赠受礼双方所能共同接受的。那种做贼似的悄悄将礼品置于桌下或房中某个角落的做法，不仅达不到馈赠的目的，甚至会适得其反。

3. 注意赠礼的具体时间

一般说来，应在相见或道别时赠礼。

（三）受礼礼仪

受礼者应在赞美和夸奖声中收下礼品，并表示感谢。一般应赞美礼品的精致、优雅或实用，夸奖赠礼者的周到和细致，并伴有感谢之辞（按中国传统习惯，是伴有谦恭态度的感谢之辞）。

应双手接过礼品。视具体情况或拆看或只看外包装，还可伴有请赠礼人介绍礼品功能、特性、使用方法等的邀请，以示对礼品的喜爱。

只要不是贿赂性礼品，一般最好不要拒收，那会很驳赠礼人面子的。找机会回礼就是了。

【案例】 新年到了，同学们为了慰问老师，买了钟给每位教师送一个，个别教师拿到后哭笑不得。因为送钟与“送终”谐音，中国人都比较回避这个话题。以后同学们送礼物给别人的时候要注意风俗习惯，一般不要把钟作为礼物送人。

第二节　见面礼仪

人们每天都在与他人打交道，与许许多多不同的人见面。人们在相见时，互相问候，或是为他人介绍引见。下面介绍一些常用的见面礼节。

一、致意（打招呼）、问候

打招呼是与熟人相遇的一种简单礼节。在路上、车上或其他公共场合遇到熟人，应当主动向对方打招呼，也叫致意。

（一）打招呼的形式

打招呼的礼节有多种形式，主要是以微笑、点头、举手、欠身、脱帽等动作问候朋友。

（1）双方近距离相遇，又无需深谈的，可以驻足稍事寒暄即可，问一声“你好!”或“上班去?”就可以了。回答也相当简单，甚至可以含糊其辞，这也是很礼貌的。与熟人路上相遇，一方“明知故问”：“上街了?”一方答非所问：“今天我休息。”并不令人感觉在敷衍。两人相遇，一方问另一方：“你干什么去?”这也是出于礼貌的。因为这都是一种问候，一种礼节的表示。

（2）双方距离稍远，则无需停步寒暄，行一个点头礼——目视对方，微微地点一点头即可，在同一场合双方多次相遇，也可以用点头礼打个招呼即可，在舞会上或其他社交场合与不相识的人近距离相遇，都可以用点头礼打招呼，表示礼貌。

（3）双方距离较远，或不便寒暄、点头时，可以行招手礼——举起一手同时注目微笑。

迎接客人，见到熟人在握手前，为了表示热烈可先招呼一下，也可以先招一招手。告别、送行也常用招手礼，不过这时招手应当多招几下，甚至直到客人远去，并且还可以挥动帽子、手帕等表示深情。

【案例】 张某早晨与王某在卫生间见面，张某问候王某说吃饭了没有，王某回答说吃了。两人突然反应过来，问候的地点不适当。问候需要注意，时间、地点不同，问候的内容应该有所区别。一般问候用“你好”比较合适，这种问候不管在什么时间地点都可以使用。

（4）微笑在社交中的作用。微笑是一种国际礼仪，在面对客户、宾客及同仁时，要养成微笑的好习惯。微笑可以表现心境良好、充满自信、真诚友善、乐业敬业等。

（5）点头礼。规范的点头礼是：面正、微笑、目平视，不经意地快速上扬后下点。

（6）招手礼。多用于与人打招呼及迎送场面，向远距离的人打招呼，不可向上级和长辈招手。

（7）基本规范：男士首先向女士致意；年轻者先向年长者致意；学生首先向教师致意；下级应当首先向上级致意；当年轻的女士遇到比自己年岁大得多的男士的时候，应首先向男士致意。

（二）如何问候

1. 问候态度

问候即人们见面时用语言互相致意，是人际交往中最简便的礼节之一。问候是敬意的一种表现。需要注意四点：主动、热情、自然、专注。

2. 问候次序

问候通常应为“位低者先行”。问候多个人时，既可以笼统地加以问候，也可以逐个加以问候。当一个人逐一问候许多人时，既可以由“尊”而“卑”、由长而幼地依次而行，也可以由近而远地依次而行。具体而言就是：地位低者先问候地位高者；男士先问候女士；下级先问候上级；主人先问候客人。

3. 问候内容

问候他人，在具体内容上大致有两种形式：①直接式。所谓直接式问候，就是直截了当地以问好作为问候的主要内容。②间接式。就是以某些约定俗语成的问候语，诸如“忙什么呢?”“您去哪里?”来替代直接式问好，它主要适用于非正式交往，尤其是经常见面的熟人之间。

4. 问候时应注意的事项

必须运用准确的称谓。问候时距离以正常说话声音能使对方听清为宜。

问候时眼睛应注视对方，同时停止身体的其他动作。通常年轻者应先向年长者问候，男性应先向女性问候，身份低者先向身份高者问候，遇到熟人主动问候。

与同事、朋友等每天第一次见面时可以问候，再见面时用微笑或点头示意即可。

（三）寒暄与问候

寒暄者，应酬之语是也。问候，也就是人们相逢之际所打的招呼，所问的安好。在多数情况下，二者应用的情景都比较相似，都是作为交谈的“开场白”来被使用的。从这个意义讲，二者之间的界限常常难以确定。

寒暄的主要的用途，是在人际交往中打破僵局，缩短人际距离，向交谈对象表示自己的敬意，或是借以向对方表示乐于与之结交之意。所以说，在与他人见面之时，若能选用适当的寒暄语，往往会为双方进一步的交谈做好良好的铺垫。

反之，在本该与对方寒暄几句的时刻一言不发，则是极其无礼的。

当被介绍给他人之后，应当跟对方寒暄。若只向他点点头，或是只握一下手，通常会被理解为不想与之深谈，不愿与之结交。

碰上熟人，也应当跟他寒暄一两句。若视而不见，不置一词，难免显得自己妄自尊大。

在不同时候，适用的寒暄语各有特点。

跟初次见面的人寒暄，标准的说法有：“您好!”“很高兴能认识你。”“见到您非常荣幸。”

比较文雅一些的话，可以说“久仰”，或者说“幸会”。要想随便一些，也可以说“早听说过您的大名”“某某人经常跟我谈起您”，或是“我早就拜读过您的大作”“我听过您作的报告”，等等。

跟熟人寒暄，用语则不妨显得亲切一些，具体一些。可以说“好久没见了”“又见面了”，也可以讲“您气色不错”“您的发型真棒”“您的小孙女好可爱呀”“今天的风真大”“上班去吗”，等等。

寒暄语不一定具有实质性内容，而且可长可短，需要因人、因时、因地而异，但它必须具备简洁、友好与尊重的特征。

寒暄语应带有友好之意，敬重之心。既不容许敷衍了事般地打哈哈，也不可以戏弄对方。“瞧你那德性”“喂，你又长膘了”，等等，均应禁用。

问候，多见于熟人之间打招呼。西方人爱说“嗨”，中国人则爱问“去哪儿”“忙什么”“身体怎么样”“家人都好吧”之类。

也有人为了节省时间，而将寒暄与问候合二为一，说一句“您好”，也是可以的。

问候语具有非常鲜明的民俗性、地域性特征。比如，老北京人爱问别人：“吃过饭了吗?”其实质就是：“您好!”您要是答以“还没吃”，意思就不大对劲了。若以之问候南方人或外国人，常会被理解为“要请我吃饭”“讽刺我不具有自食其力的能力”“多管闲事”“没话找话”，从而引起误会。

二、介绍

（一）自我介绍

我们在人际交往中如能正确得体地介绍自己，不仅可以扩大自己的交际范围，广交朋友，而且有助于自我宣传、自我展示，在交往中减少麻烦、消除误会。

自我介绍，即将本人介绍给他人。在礼仪上，作自我介绍时应注意下述问题：

1. 选择自我介绍的时机

在下面场合有必要进行适当的自我介绍。如：应试求学时、在交往中与不相识者相处时、有不相识者表现出对自己感兴趣时、有不相识者要求自己做自我介绍时、有求于人而对方对自己不甚了解或一无所知时、旅行途中与他人不期而遇并且有必要与之建立临时接触时、自我推荐自我宣传时。如欲结识某些人或某个人，而又无人引荐，若有可能，可向对方自报家门，自己将自己介绍给对方。

2. 自我介绍的注意事项

（1）讲究态度。态度一定要自然、友善、亲切、随和。应镇定自信、落落大方、彬彬有礼。既不能唯唯诺诺，又不能虚张声势，轻浮夸张。要表示自己渴望认识对方的真诚情感。任何人都以被他人重视为荣幸，如果你态度热忱，对方也会热忱。语气要自然，语速要正常，语音要清晰。在自我介绍时镇定自若，潇洒大方，有助于给人以好感；相反，如果你流露出畏怯和紧张，结结巴巴，目光不定，面红耳赤，手忙脚乱，则会为他人所轻视，彼此间的沟通便有了阻隔。

（2）注意时机。要抓住时机，在适当的场合进行自我介绍，对方有空闲，而且情绪较好，又有兴趣时，这样就不会打扰对方。

（3）注意时间。自我介绍时还要简洁，言简意赅，尽可能地节省时间，以半分钟左右为佳。不宜超过一分钟，而且愈短愈好。话说得多了，不仅显得啰嗦，而且交往对象也未必记得住。为了节省时间，作自我介绍时，还可利用名片、介绍信加以辅助。

（4）注意方法。进行自我介绍，应先向对方点头致意，得到回应后再向对方介绍自己。如果有介绍人在场，自我介绍则被视为不礼貌的。应善于用眼神表达自己的友善，表达关心以及沟通的渴望。如果你想认识某人，最好预先获得一些有关他的资料或情况，诸如性格、特长及兴趣爱好。这样在自我介绍后，便很容易融洽交谈。在获得对方的姓名之后，不妨口头加重语气重复一次，因为每个人最乐意听到自己的名字。

（5）注意内容。自我介绍的内容包括三项基本要素：本人的姓名、供职的单位以及具体部门、担任的职务和所从事的具体工作。这三项要素，在自我介绍时，应一气连续报出，这样既有助于给人以完整的印象，又可以节省时间，不说废话。要真实诚恳，实事求是，不可自吹自擂，夸大其词。

（二）为他人介绍（介绍他人、他人介绍）

他人介绍是经第三者为彼此不相识的双方引荐、介绍的一种介绍方式。他人介绍通常是双向的，即将被介绍者双方各自均作一番介绍。做介绍的人一般是主人、朋友或公关人员。

1. 介绍人

不同场合有不同的礼仪规范。

（1）家庭聚会：应该是女主人充当介绍人。

（2）公务活动：由办公室主任、秘书、前台接待、礼仪先生、礼仪小姐、公关人员等专门人士，双方的熟人，本单位职务最高者做介绍。

2. **介绍的顺序**

在郑重的场合，要采取正式的介绍方式。通常的引见、介绍他人的一般规则是：尊者居后。就是把双方之中地位较低的一方首先介绍给地位较高的一方，“尊者有优先知情权”。具体如下：

介绍晚辈和长辈，一般要先介绍晚辈。

介绍上级和下级，一般要先介绍下级。

介绍主人和客人，一般要先介绍主人。

介绍老师和学生，先介绍学生。

介绍男士和女士，先介绍男士。

将公司同事介绍给客户，将自己公司的同事介绍给别家公司同行；将非官方人士介绍给官方人士；将本国同事介绍给外籍同事；将资历浅的介绍给资历深的。

介绍过程中，先提某人的名字是对此人的一种敬意。这是一条放之四海而皆准的通则，在做介绍时可视当时的具体情形加以灵活应用。还可以介绍职务、职称、爱好、特长等。这样可以给双方提供进一步交谈的话题。如果介绍人能找出被介绍的双方某些共同点就更好不过了，如甲和乙的弟弟是同学，甲和乙是相距多少届的校友，等等。这样无疑会使初识的交谈更加顺利。

自己给朋友介绍要简洁明了。要注意实事求是，掌握分寸，不能胡乱吹捧，以免被介绍者处于尴尬境地。当你为别人做介绍时，自己不能马上走开，特别是介绍男女朋友，更应注意。因为介绍的目的是让双方相识交谈，如果自己走得太早，双方可能谈不起来，应该待双方引起谈话兴趣，并谈得融洽时，再托故走开。有时迟迟不走也不合适，如被介绍的男女朋友希望单独交谈，就应该马上告退。在介绍别人姓名时，口齿要清楚。如介绍李先生，可以补充说，李是木子李，这样既听得明确，又便于记住。被介绍的人应以礼貌的语言向对方问候、点头或握手致意。

在一般非正式场合，介绍应以自然、轻松、愉快为宗旨，不必过分拘于形式。最简单的方式莫过于直接报出被介绍者各自的姓名。

作为被介绍者，应当表现出结识对方的热情，目视对方，除女士和年长者外，被介绍时一般应起立。如果你是身份高者、长者或主人，在听他人介绍后，应立即与对方互致问候，表示欢迎对方的热忱；如果你是身份低者或宾客，当尚未被介绍给对方时应耐心等待；当将自己介绍给对方时，应根据对方的反应做出相应的应对，如对方主动伸手，你也应及时伸手相握，并适度寒暄。但在宴会上和会谈桌上只需要微笑点头有所表示即可。

3. **介绍的内容**

介绍的内容大体上可以分为两种：① 社交式，类似于自我介绍时的应酬式，介绍名字就够了；② 公务式，它是在正式场合的介绍，要求说明单位、部门、职务、姓名。

4. **介绍时应注意事项**

（1）介绍者为被介绍者介绍之前，一定要征求一下被介绍双方的意见，切勿上去开口即讲，显得很唐突，让被介绍者感到措手不及。

（2）被介绍者在介绍者询问自己是否有意认识某人时，一般不应拒绝，而应欣然应允。实在不愿意时，则应说明理由。

（3）介绍具体人时，要有礼貌地以手示意，而不要用手指指点点。

（4）介绍人和被介绍人都应起立，以示尊重和礼貌；待介绍人介绍完毕后，被介绍双方应微笑点头示意或握手致意。

（5）在宴会、会议桌、谈判桌上，视情况介绍人和被介绍人可不必起立，被介绍双方可点头微笑致意；如果被介绍双方相隔较远，中间又有障碍物，可举起右手致意，点头微笑致意。

（6）介绍完毕后，被介绍双方应依照合乎礼仪的顺序握手，并且彼此问候对方。问候语有“你好，很高兴认识你”“久仰大名”“幸会幸会”，必要时还可以进一步做自我介绍。

（三）集体介绍

如果在替双方介绍时，双方都不止一人，这时候，我们应该先介绍谁呢？这是替别人介绍时一种特殊情况，我们称为集体介绍。

大型报告会或演讲会，通常由主持人向与会者介绍报告人或演讲人的情况。

由许多单位参加的会议，主持人要向与会者介绍主席台上就座的人员以及主要的来宾、参加会议的单位。

当新加入集体的成员初次与集体其他成员见面时，负责人要先将其介绍给集体，再向其介绍集体的主要领导人。

在宴会或晚会上，一般由主人介绍主要来宾，然后再一一介绍其他来宾，也可以按座位顺序来介绍。

邀请多人聚会，邀请人可以把大家招呼在一起，在开场白之后，再按身份或年龄或顺序介绍。如按顺序介绍时，不要主观地跳过某人，最后再来介绍他。被介绍人一般要趋向或欠身向大家致意。

三、握手礼仪

握手简单常见又常用，能反映出握手者对对方的不同礼遇和态度，表现出个人的道德修养和礼仪修养。握手礼通常是用来表示欢迎、欢送、见面、相会、告辞，表示祝贺、感谢、慰问，表示和好、合作时使用的礼节。

握手，是人们最熟悉的礼节，人们见面伸右手相握，可表示欢迎、友好、理解、感谢、宽容、惜别等各种感情。

（一）握手的顺序

握手顺序由尊者决定，但主宾相见例外。

一般情况下：长辈和晚辈握手，长辈先伸手；上级和下级握手，上级先伸手。

如果需要和多人握手，握手时要讲究先后次序，由尊而卑，即先年长者后年幼者，先长辈再晚辈，先老师后学生，先女士后男士，先已婚者后未婚者，先上级后下级。

交际时如果人数较多，可以只跟相近的几个人握手，向其他人点头示意，或微微鞠躬就行。为了避免尴尬场面发生，在主动和人握手之前，应想一想自己是否受对方欢迎，如果已察觉对方没有要握手的意思，点头致意就行了。

在公务场合，握手时伸手的先后次序主要取决于职位、身份；而在社交、休闲场合，主要取决于年龄、性别、婚否。

主人和客人握手比较特殊。按照社交礼仪的规矩，当客人到来之时，主人先伸手，这表示欢迎；当客人走的时候，应该客人先伸手，意思是再见。如果主人先伸手了，就是逐客之意。

握手礼有时也可以灵活变通。如一个人面对人数众多的人，相见时则不可能一一握手，可以用点头礼、注目礼、招手礼代替。行握手礼在伸手之前，如果不能肯定对方是否愿意握手时，或看到对方没有握手意思时，则用点头礼、招手礼或注目礼也是很礼貌的。不然，你伸出手去，对方没有反应，那是很尴尬的。多人握手时，不可交叉握手，互相影响，应当待别人握过之后，再去握手，也可以用点头礼、招手礼代替。图 5-1 列举了握手时常见的几种错误。

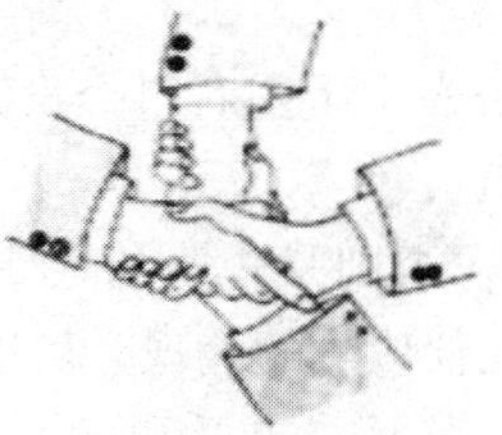

交叉握手

与第三者说话（目视他人）

摆动幅度过大

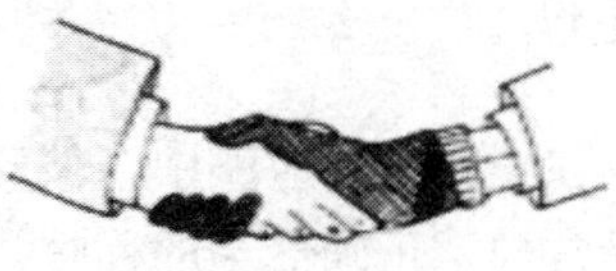

戴手套或手不清洁

图 5-1

（二）握手的正确方法

握手一定要伸右手，伸左手是不礼貌的。伸出的手掌应当垂直，这是通常的习惯。如果掌心向下，会有显示傲视之嫌，而掌心向上，又有谦卑之态。握手的时间以三至五秒为宜，关系亲近的当然可以长时间相握。用力大小也应适度，用力太猛太重，会把对方握疼，是非礼行为；太轻甚至用指端稍碰一点，会让对方觉得你在敷衍、冷淡他。握手的力度，对男子可以稍重些，对女子则应轻柔。老朋友多年不见，当然不仅可以长时间相握，而且可以加大力度，再晃上几晃，这种方式表示热烈也是适度的。一般人为表示进一步亲近，可以把左手伸出，握住双方已经相握的双手上，轻轻地晃上几晃，这都是允许的。但对女士则不能如此。握手时，如果手上戴有手套，应当先将手套去掉。在寒冷的冬天，户外相遇或者时间仓促来不及脱手套，在握手开始时，应说一声："对不起！"军人戴军帽与对方相见，应先行举手礼，再行握手礼。

（三）握手禁忌

我们在行握手礼时应努力做到合乎规范，避免违犯下述失礼的禁忌：

（1）不要用左手相握，尤其是和阿拉伯人、印度人打交道时要牢记。

（2）在和西方人交往时，要避免两人握手时与另外两人相握的手形成十字交叉状。握手、干杯、祝酒等都忌讳出现十字交叉状。

（3）不要在握手时戴着手套、墨镜、帽子，只有女士在社交场合戴着薄纱手套握手，才是被允许的。与人握手，把帽子摘掉，表示一种友善；戴太阳镜，有拒人于千里之外的感觉。

（4）不要在握手时另外一只手插在衣袋里或拿着东西。

（5）不要在握手时面无表情、不置一词或长篇大论、点头哈腰，过分客套。

（6）不要在握手时仅仅握住对方的手指尖，好像有意与对方保持距离。正确的做法，是握住整个手掌。即使对异性也应这样。

（7）不要在握手时把对方的手拉过来、推过去，或者上下左右抖个没完。

（8）忌讳与异性握手时用双手。

（9）在任何情况下，最好都不要拒绝与别人握手，否则是失身份的。你和人交往，握握手，并不等于完全接受他，完全认可他，这是一种礼仪应酬的表现。可以这样说，拒绝和别人握手的人，是没有教养的人。即使有手疾或汗湿、脏污，也要和对方说一下“对不起，我的手现在不方便”，以免造成不必要的误会。

四、称呼礼仪

称呼是指人们在正常交往应酬中，彼此之间所采用的称谓语，在日常生活中，称呼应当亲切、准确、合乎常规。正确恰当的称呼，体现了对对方的尊敬或亲密程度，同时也反映了自身的文化素质。在社会交往中，如何称呼对方，这直接关系到双方之间的亲疏、了解程度、尊重与否及个人修养等。一个得体的称呼，会令彼此如沐春风，为以后的交往打下良好的基础；否则，会令对方心里不悦，影响到彼此的关系。

（一）常用的称呼

1. 社交、工作场合中常用的称呼

在工作岗位上，人们彼此之间的称呼是有其特殊性的。它的总的要求是要庄重、正式、规范。

第一，职务性称呼。就高不就低。一般在较为正式的官方活动、政府活动、公司活动、学术性活动中使用，以示身份有别，敬意有加，而且要就高不就低。

第二，职称性称呼。对于有专业技术职称的人，可用职称相称。

第三，学衔性称呼。这种称呼，增加被称者的权威性，同时有助于增加现场的学术气氛。

第四，行业性称呼。在工作中，按行业称呼。可以直接以职业作为称呼，如：老师、教练、会计、医生等。在一般情况下，此类称呼前，均可加上姓氏或者姓名。如：刘老师、于教练、王会计等。

第五，泛尊称。就是对社会各界人士在一般较为广泛的社交中，都可以使用的。如：小姐、女士、夫人、太太。未婚者称“小姐”，已婚者或不明其婚否称“女士”。男的叫“先生”。不分男女叫同志。

2. 生活中的称呼

生活中的称呼应当亲切、自然、准确、合理。

(1) 对亲属的称呼。

① 对自己亲属的称呼。与外人交谈时，对自己亲属，应采用谦称。

对自己的亲属，一般应按约定俗成的称谓称呼，但有时为了表示亲切，不必拘泥于称谓的标准。如对公公、婆婆、岳父、岳母都可称为“爸爸”“妈妈”。亲家间为表示亲密、不见外，也可按小辈的称呼来称呼对方。但对外人称呼自己的亲属，要用谦称。

② 对他人的亲属的称呼，要采用敬称。

(2) 对朋友、熟人的称呼。

朋友、熟人间的称呼，既要亲切友好，又要不失敬意，一般可通称为“你”“您”，或视年龄大小在姓氏前加“老”“小”相称，如“老王”“小李”。

(3) 对一般（普通）人的称呼。

对一面之交、关系普通的人，可视情况采取下列称呼：同志、先生、女士、小姐、夫人、太太等。在我国，不论对何种职业、年龄、地位的人都可称作“同志”，但要注意，港、澳、台地区的朋友见面时一般不用此称呼。

【案例】 一位年轻人准备去青海湖风景区旅游。那天天气炎热，他下车后已走得筋疲力尽，口干舌燥，不知距目的地还有多远，举目四望，不见一人。正失望时，远处走来一位老者。年轻人大喜，张口就问：“喂，离青海湖还有多远呀？”老者目不斜视地回了两个字：“无礼（谐音“五里”）。”年轻人精神倍增，快速向前走去。他走呀走，走了好几个五里，青海湖也不见踪迹。他恼怒地骂起了老者。请问：老者为什么没告诉年轻人到青海湖真实的距离？

（二）称呼禁忌

1. 使用错误的称呼

出现这种错误主要在于粗心大意，用心不专。常见的错误称呼有两种：

(1) 误读，也就是念错姓名。如“仇（qiu）”“查（zha）”“盖（ge）”等易被念错。为了避免这种情况的发生，对于不认识的字，事先要有所准备；如果是临时遇到，就要谦虚请教。

(2) 误会，主要指对被称呼者的年纪、辈分、婚否以及与其他人的关系作出了错误判断。比如，将未婚女性称为“夫人”，就属于误会。相对年轻的女性，都可以称为“小姐”，这样对方也乐意听。

2. **使用过时的称呼**

有些称呼，具有一定的时效性，一旦时过境迁，若再采用，难免贻笑大方。在我国古代，对官员称为“老爷”“大人”。若将它们全盘照搬到现代生活中来，就会显得滑稽可笑，不伦不类。

3. **使用不通行的称呼**

有些称呼具有一定的地域性。比如，北京人爱称人为“师傅”，山东人爱称人为“伙计”；但是在南方人听来，“师傅”“伙计”等称呼就会觉得莫名其妙。

4. **使用庸俗低级的称呼**

在人际交往中，有些称呼在正式场合切勿使用。“哥们儿”“姐们儿”“磁器”“死党”“铁哥们儿”等一类的称呼，就显得庸俗低级，档次不高。它们听起来令人肉麻不堪，而且带有明显的世俗风格。

5. **用绰号作为称呼**

对于关系一般者，切勿自作主张给对方起绰号，更不能随意以道听途说来的对方的绰号去称呼对方。还有诸如拐子、秃子、罗锅、四眼、傻大个、麻秆儿等更不能说。另外，还要注意，不要随便拿别人的姓名乱开玩笑。要尊重一个人，必须首先学会去尊重他的姓名。每一个正常人，都极为看重本人的姓名，对此，在人际交往中，一定要牢记。

五、名片礼仪

名片是现代人人皆应具备的社交通行证和交往联谊卡，是一种自我介绍信的形式。当今社会名片往往取代了繁琐的介绍，交换名片是现代人际交往中经常使用的方式之一。名片不仅介绍了通讯地址，还体现了一个人的身份，表现了一个人的个性，它是交往中最经济实惠、最简单、最通用的介绍媒介，具有证明身份、广交朋友、联络感情、表达情谊等多种功能。使用名片亦有讲究，使用得当，会为你的社交举止增添风采，为与他人的交往提供方便。

（一）名片的作用

第一，自我介绍的作用。

第二，方便联系。名片上最重要的资讯，就是个人联系方式，如办公地点、通信地址、邮编、移动电话、办公室电话等，方便与人联系。

第三，替代短信。比较忙的时候，可以在自己名片的某一个约定俗成的位置写一句短语、写个单词等等，起到替代短信的作用。

第四，充当礼单。有的时候为了沟通感情，业务需要，我们会送出一些礼品，比如说赶上逢年过节、生日婚庆等等，那么这种情况下人家可能会收到很多礼品，我们就可以在礼品包装盒内放上一张名片，以免收礼的人过后不知道是谁送的。

第五，留言。有时候你去拜访一个人，他不在，可以留一张名片。这样，谁来过，一清二楚。

（二）名片的携带

在重要场合，一定要携带名片。名片最好放在专用的名片夹里。

惯例上讲，名片携带有三个不准：

第一，残缺折皱的名片不准使用。有些人比较随意，把名片直接装进公文包里，或装进裤兜里，这就会导致名片折皱或残缺。名片相当于一个人的脸面，所以这种残缺折皱的名片，宁可不给对方。

第二，不准涂改。有时候可能会换电话号码或者地址更改了，那么就会在名片上将这些更改的内容直接涂掉，重新写。这个是不可行的。这种情况下可以发个信息给一些较重要的客户或关系单位，或打电话时告知对方，千万不要在名片上涂改，不但影响个人的形象，也影响企业形象。

第三，原则上讲，不提供私宅电话，如果关系特别好，可以口头告知，但不要写在名片上。

小技巧：我们有些人没有名片，但是与外人交往时如果人家递给你名片，正常来讲，礼尚往来，你也应回一张给人家，你该怎么办？不要直接说我没有，这样会让对方感觉很不好，你可以说："对不起，我今天刚好没带名片。"或者说："我的名片刚用完，不好意思。"

【案例】某公司新建的办公大楼需要添置一系列的办公家具，价值数百万元。公司的总经理已做了决定，向A公司购买这批办公家具。这天，A公司的销售部负责人打电话来，要上门拜访这位总经理。总经理打算，等对方来了，就在订单上盖章，定下这笔生意。

不料对方比预定的时间提前了2个小时，原来A公司听说这家公司的员工宿舍也要在近期内落成，希望员工宿舍需要的家具也能向他们购买。为了谈成这件事，销售部负责人因此提前来了，还带来了一大堆的资料，摆满了台面。总经理没料到对方会提前到访，刚好手边又有事，便请秘书让对方等一会。没想到这位销售负责人等了不到半小时，就开始不耐烦了，一边收拾起资料一边说："我还是改天再来拜访吧。"

这时，总经理发现对方在收拾资料准备离开时，将自己刚才递上的名片不小心掉在了地上，对方却并没发觉，走时还无意从名片上踩了过去。但这个不小心的失误，却令总经理改变了初衷，A公司不仅没有机会与对方商谈员工宿舍的设备购买，连将要到手的数百万元办公家具的生意也告吹了。

（三）索取名片

在一般的社交场合中，最好别找人家要名片。如果确实有必要，下面几个索要名片的办法是比较有效的。

（1）交易法，就是把自己的名片先递给对方。古人讲，将欲取之，必先予之，所以你先把名片递给对方，"非常高兴认识你，这是我的名片，请多指教"。来而不往非礼也，他一般会回赠你一张名片。

（2）明示法，即明确表示。如果你跟对方比较熟，你担心他联系方式有变动，想要他的名片，可以明说："老王，好久不见，我们交换一下名片吧，以后方便联系。"

（3）谦恭法。如果跟长辈、名人、有地位的人交往，你可以采用谦恭法索取名片，比如："×××教授，以后该如何向您请教？"言下之意，请给我一张名片，这话说得比较委婉。

（四）递送名片

1. 递送名片的顺序

一般是地位低的人先向地位高的人递，男士先向女士递，主人先向客人递。当对方人比较多时，应先将名片递给职务较高或年龄较大的人。如分不清职务高低，可依照座次递名片，比如说在饭桌上递名片，就可以按顺时针来递送。但要记住，无论以什么方式递送，都要给对方在场的人每人一张，以免厚此薄彼。如果我们自己这一方人多，应该地位高的人先向对方递送名片。

2. 递送方法

递交名片时，要起身或欠身，将名片正面朝上，字的正方朝对方，要用双手的食指和拇指分别夹住名片的左右端，双目注视对方，面带笑容，恭恭敬敬奉上。不可单独用左手，切忌发传单似的乱散。同时还可以说些客气话，如"请关照""欢迎联系"等等。如果你的名字中有不常见的字，要主动地说出自己的名字，说"我叫×××，这是我的名片，请笑纳"之类的话，免得对方因叫不上名字而尴尬。如果同时向多人递送名片，要依次递送。不可只给领导和女士，给人以厚此薄彼的感觉。也不要拿着名片盒发名片，这样很不礼貌。

（五）接受名片

接受名片时，应起身或欠身，不能坐着接，用双手的拇指和食指分别捏住名片下端的两角，同时面带微笑，轻声说："谢谢"。你对名片的重视实际上就是对名片主人的重视。

如果这时你的手中也拿着一张自己的名片，准备给对方，不能用双手去迎接的话，那么要用左手先拿着自己的名片，然后右手去接人家的名片。因为礼仪上规定，左手接名片视为对对方不尊重。人家给你名片，那是尊重你，你要表示谢意。

如果对方地位较高或有一定知名度，接过名片后则可道一句"久仰大名"之类的寒暄语，而且一定要专心致志地看 30 s 以上，以表重视。不能三心二意。有些人一手接电话或者一手拿东西然后一手接名片，这样很不礼貌。或者是接过后看都不看一眼或漫不经心地随手向口袋里一塞，这是对人失敬的一种表现。

收藏到位：把对方的名片拿过来之后放在自己的名片包里，放在上衣口袋里，放在办公室的抽屉里，给别人一个非常妥帖非常被重视的感觉。最忌讳当场交换名片之后把名片放在桌子上或其他地方，甚至在名片上面压上东西。切忌将名片扔在桌子上，或拿在手上摆弄。收到别人名片的同时；如果自己有名片，也要把自己的名片送给对方，如果没有，可以向对方道歉说明。

小窍门：业务人员会接触各类各样的人，所以我们可以把对方的详细情况，比如说他的兴趣、爱好、擅长等记在名片上，下次再交谈时，你会很轻松地说出他的爱好，或者按照他的喜好去接待，这会让他感觉很舒服，对你自然就会有好的印象（但是千万不要当面在人家的名片上写）。

在社交场合，如果想索要他人名片，可以婉转地说："以后怎样向您请教？"或"以后怎样同您保持联系？"当然，如果我们不想把名片送给对方，可以说："对不起，名片刚好没带。"

（六）名片使用四注意

商务交往中，名片的使用要注意以下四点：

（1）名片不要任意涂改。名片就是一个人的脸面，不能在上面乱涂乱改。比如把130划掉，改成139等。尤其和外商打交道，宁肯不给名片，也不要给他一张涂改过的名片，否则会破坏你的形象。

（2）商务交往不提供私宅电话。商务交往中，提供的名片一般是办公室电话。不提供私宅电话。

（3）不印两个以上的头衔。如果你头衔比较多，应该印一两个最重要的。如果弄一大堆头衔的话，会给人一种炫耀、不真实甚至蒙人的感觉。

（4）名片是取信于人的，不可滥交，以防被人假借利用。

六、初次见面如何缩短彼此的距离

初次见面，交际双方都希望尽快消除生疏感，缩短相互间的感情距离，建立融洽的关系，同时给对方一个良好的印象。那么，应怎样通过交谈较好地做到这一点呢？

（一）通过亲戚、老乡关系来拉近距离

由于亲戚老乡这类较为亲密的关系会给人一种温馨的感觉，使交际双方易于建立信任感。特别是突然得知面前的陌生人与自己有某种关系，更有一种惊喜的感觉。故而，若得知与对方有这类关系，寒暄之后，不妨直接讲出，这样很容易拉近两人的距离，使人一见如故。现在许多大学里面都存在一些老乡会、联谊会等组织，这些老乡会、联谊会就是通过老乡关系把同一地方的学生召集在一块，组织起来。同时也通过老乡会来相互帮助、联络感情、加强交流。从人的心理上来讲，每个人的潜意识中都有一种"排他性"，对自己的或跟自己有关的事物往往不自觉表现出更多的兴趣和热情；跟自己无关的则有一定的排斥性。因而在交谈中这类关系的点出就使对方意识到两人其实很"近"。这样，无论对方地位高低，都能较好地形成坦诚相谈的气氛，打破初次见面由于生疏造成的心理上的"设防"，在"我们是一家子"的爽朗笑声中，气氛亲热了许多，使被接见者倍感亲切。

（二）以感谢的方式来加强感情

有个同学在跟一个高年级学生接触时的头一句话就是："开学时就是你帮我安置床铺的。""是吗？"那个同学惊喜地说。接着两人的话题就打开了，气氛顿时也热乎了许多。那

个高年级同学的确帮过我们许多人，不过开学之初人多事杂，他也记不得了。而这个同学则恰到好处地点出了这些，给对方很大的惊喜，也使两人的关系拉近了一层。一般说来，每个人都对自己无意识中给别人很大的帮助而感到高兴。见面时若能不失时机地点出，无疑能引起对方的极大兴趣。因此，初次见到曾帮过自己的人时，不妨当面讲出，一方面向对方表示了谢意，另外无形中也加深了两人的感情。

（三）从对方的外貌谈起

每个人都对自己的相貌或多或少地感兴趣，恰当地从外貌谈起就是一种很不错的交际方式。有个善于交际的朋友在认识一个不喜言谈的新朋友时，很巧妙地把话题引向这个新朋友的相貌上。“你太像我的一个表兄了，刚才差点把你当作他，你们都高个头，白净脸，有一种沉稳之气……穿的衣服也太像了，深蓝色的西服……我真有点分不出你们俩了。”“真的?”这个新朋友眼里闪着惊喜的光芒。当然，他们的话匣子都打开了。我们不得不佩服这个朋友谈话的灵活性。他把对方和自己表兄并提，无形中就缩短了两人之间的距离，接着在叙说两人相貌时，又巧妙地给对方以很大的赞扬，因而使这个不喜言谈的新朋友也动了心，愿意与其倾心交谈。

（四）剖析对方的名字来引起对方的兴趣

名字不仅是一种代号，在很大程度上更是一个人的象征。初次见面时能说出对方的名字已经不错了，若再对对方的名字进行恰当的剖析，就更上一层楼。譬如一个叫“建领”的朋友，你可以谐音地称道:“高屋建瓴，顺江而下，攻无不克，战无不胜，可谓意味深远呀!”对一位叫“细生”的朋友，可随口吟出“随风潜入夜，润物细无声”。或者用一种算命者的口吻剖析其姓名，引出大富大贵、前途无量之类的话，这也未尝不可。总之，适当地围绕对方的姓名来称道对方不失为一种好方法。

七、告别礼仪

告别是人际交往中的重要时段和内容。如果告别能留给人以美好的印象和久远的回味，那就是一种成功的告别。成功的告别大致包含如下一些要素：

（1）略作铺垫。告别不应该是社会交往中的“急刹车”，应在之前略有一点铺垫，使对方对告别有思想准备。俗话说，天下哪有不散的宴席。人们常常因有缘相聚，而后又匆匆离别。

（2）告别时，常常有语言表达，如“再见”“珍重”“保重”“欢迎再来”等，也有动作表达，如握手、拥抱、亲吻等。熟人间说话结束时，一般说一声“再见”，握手告别。

（3）客人告辞时，应以礼相送。一般与之握手道别，并送至门外。

赴宴入席时，一般不可中途退席，如有急事，或吃饱时，需要退席，应先向本席的主人和其他客人告辞，表示歉意才可离去。

在现代涉外活动中，也可以用名片作为简单的礼节往来。在与刚结识的人告别时，递上一张名片，以表再见之意。

第三节 公共礼仪

一、行路礼节

人们在上班下班、办事购物、假日休息时总要行路。道路是最基本的公众场合，一个人单独行路的机会比较多，所以能不能自觉地遵守行路的规则，尤其能反映一个人修养水准的高低。

第一，礼让。走路的时候，如果道路比较窄，应该“眼观六路，耳听八方”，及时给他人让路。不要不自觉地走在路中间，给其他想超越的行人和车辆造成不便。几个人一起走的时候，千万不要为了“保持团结”而并排走，迫使后面的人只能“乖乖地”跟在你们后面慢慢走。

第二，在人多的地方，不可以横冲直撞。如果碰了别人、踩了别人的脚，应该诚恳道歉。同样，如果别人不小心碰了你或踩了脚，也应该谅解别人。

在街上行走要注意文明礼貌，女士要使自己的仪态端庄大方，不要左顾右盼，摇头晃脑。男士要彬彬有礼，注意风度，不要摇来晃去、上蹿下跳。

行走的时候，应该请受尊重的人走在马路的里侧。

第三，应该养成把果皮、果核、烟蒂以及其他垃圾扔进垃圾箱的习惯。需要处理痰、涕的时候，应该用纸先包起来，再扔进垃圾箱。

第四，路上遇到熟人，应主动打招呼。如果需要简短交谈，应站在不碍事的路边。如果两个人相距较远，又需要打招呼，可以挥手示意，或者紧走几步到他附近再喊，不要隔着很远就大喊大叫。

第五，不要围观。街头围观是一种不文明的习惯，不围观是文明的表现。

在公共场合，包括在公共汽车上，不论是夫妻还是恋人，都不可以表现得过分亲昵，否则既不雅观又有伤风化。

第六，遵守交通规则。道路上机动车、人力车、三轮车、自行车和行人南来北往，车水马龙，十分繁忙，必须遵守交通规则。步行要走人行道，不能在机动车或自行车的车道上行走。横过马路应走地下通道、过街天桥或斑马线。行人要等到绿灯亮起时再过马路。避免在车流中穿行，不能冒险翻越隔离带。骑车要走慢车道，拐弯要伸手示意，不超速，不带人，不并行，听从交通警察的指挥，严禁闯红灯。这样不仅可以保证交通的畅通，使大家能顺利地通过，同时也保证了人身安全。

第七，保持道路卫生。保持环境卫生是人类健康生活的需要，讲究公共卫生是每一个人应当具备的起码公德。不要在道路上随地吐痰，乱抛杂物，更不应乱扔瓜皮果核。自觉地尊重环卫工人的辛勤劳动。出门一定带上面巾纸或小手绢，有痰要吐在面巾纸或手绢上，否则随地吐痰会影响市容，还容易传染疾病。我们应当自觉养成注意公共卫生的文明美德。

第八，礼貌待人。在路上，与年老人相遇，要主动让路。遇到妇女儿童，不要拥挤。遇到路人摔倒，要上前扶一扶。别人掉了东西，看到了要招呼他一下。到人多拥挤的地方，要自觉依次而过；三人以上同行，不要并行，不要嬉笑打闹。不在道路上停下来长谈，影响交通。碰了别人或踩了别人，要及时说声“对不起”；别人碰了自己，踩了自己，不必过分计较；必须说一下的，可以礼貌而委婉地说一声“请你注意一下”；遇到蛮不讲理的人，不要与之纠缠，尽早摆脱；必须讲清的，也不可以大声争吵，那样有失身份。常言说：“有理不在言高。”始终保持理智而冷静的态度，就不致酿成更大的不愉快。

二、乘车礼仪

交通发达了，相应的乘车礼仪也在发展。设身处地地为他人着想，遵守秩序，排队等候，让座给老人、孕妇和儿童，都是关于公共道德的基本观点。

有些人上车后要抢座位，即使车上有足够的空位，还会发生这种现象，这是个坏习惯。在所有场合都排队，这就是文明的表现。排队是表示你对别人所怀有的尊重和关心。也就是说，你用你的身体语言向众人表示：我在意你，尤其是对孕妇、儿童及老人的关怀。

（一）乘坐公共汽车、电车或地铁有哪些礼仪要求？

探亲访友、上下班、假日游玩，免不了要乘电车、公共汽车或地铁。乘车不论人多人少，都应当遵守公共秩序，讲文明礼貌。

第一，候车要先看清站牌和行车方向，然后排队候车，不要“夹塞”，也不要往车道上挤，上车要按次序，上车后不争先恐后地找座位，要往车厢中间走动。对病人、孕妇和抱小孩的乘客要主动让座。站立时要扶好站稳，以免刹车时碰着、踩着别人，碰了别人要道歉。

第二，上下车要主动向车厢内移动，不要堵在门口，妨碍后面的乘客上车。

第三，互谅互让，注意礼貌礼节。

当前，国内的交通十分拥挤，所以，我们必须做到在自我约束的基础上互敬互让，文明用语常挂嘴边，这样才能避免很多不必要的摩擦。那些因为踩脚、碰人没说句抱歉的话而引发的“战争”，显得既没教养又可能因小失大，得不偿失。

作为年轻人，应该主动将座位让给老人、儿童、孕妇、病人、残疾人以及抱小孩的乘客，而不要看到需要让座的时候，赶紧闭上眼睛装作“已然入仙境”，丢了自己的翩翩风度。有些人知道不应该把瓜果皮壳等扔在车内，却顺手从窗口扔出去，这同样是不文明的。其实，通常每辆车上都有垃圾桶，完全可以多走几步把垃圾扔进垃圾桶里。

在公共汽车上吸烟是很不道德的表现。雨天乘车，请带好伞袋，把雨伞放到事先准备好的伞袋里。

第四，注意车厢卫生。

车厢内单位面积的人数，一定比室外公共环境密度大，这样，车厢内空气中的细菌、尘埃量比车厢外空气中多了许多。如果不注意车厢卫生，就会引发多种疾病。所以在车厢内，不要随地吐痰、乱扔果皮纸屑，自觉遵守社会公德。

第五，下雨天乘车，在上车前应把雨伞折拢，雨衣脱下叠好，不要把别人的衣服弄湿。乘车不要穿油污衣服，不带很脏的东西，以免弄脏别人的衣服；必须带上车的，要招呼别人注意，并放到适当的地方。

第六，乘车时，不吸烟，不吃带皮带核的东西，不把头手伸到车外，不在车上大声交谈，更不嬉笑打闹；夏天不穿背心、三角裤乘车；人多时车上遇到熟人只点头示意，打个招呼即可，不要挤过去交谈，更不要远距离大声交谈，显得很不文明，有事可以下车再谈。到站前，提前向车门移动，下车时要按次序下，注意扶老携幼。

【案例】在遵义的3路公交车上，一个60多岁的老太太为一个刚上车的老太太让座。刚上车的老太太问她为什么要给自己让座，60多岁的老太太说，你是有老年证的。（注：七十岁以上的老人才能拥有老年证）好温馨的回答。在遵义，一个老年人统计，她坐车十次起码八次有人为她让座。老年人上车有人让座，这是一个城市文明程度的重要体现。

（二）乘坐飞机有哪些礼仪要求？

（1）按时登机，对号入座。进入机舱后保持安静。

（2）不将超大行李和有异味的物品带上飞机。尽快放好随身行李，保持通道畅通。

（3）登机后主动关闭手机等无线通讯设备。

（4）不乱动飞机上的安全用品及设施。需要找乘务员时，可以按呼唤铃，不宜大声喊叫。接受乘务员服务应致谢。

（5）在飞机上进餐时，主动将座椅椅背调至正常位置，以免影响后排乘客进餐。

（6）保持舱内整洁卫生，因晕机呕吐时，应使用机上专用呕吐袋。飞行过程中尽量不要脱下鞋子，以免异味影响他人；如果是长途飞行，脱下鞋后应在外面再罩上护袜。

（7）机上读物阅后要整齐放入面前插袋。

（8）飞机未停稳时不抢先打开行李舱取行李，以免行李摔落伤人。

（9）上下飞机时，对空中乘务员的迎送问候有所回应。

为乘机人送行时，可说“一路平安”等祝语，不宜说“一路顺风”（飞机需逆风起飞）。飞机上救生衣是飞机遇险、在海上迫降时供乘客逃生使用的，切勿随意打开或带下飞机。

（三）乘坐火车有哪些礼仪要求？

（1）放置行李应相互礼让，与人方便。行李最好是轻便的、可以拉动的最好，因为很多火车没有托运。较大的行李要放在行李架上，不要把别人的座位占了。

（2）主动帮助老、幼、病、残、孕等特殊旅客。

（3）在车厢里，自觉维护车内环境卫生，垃圾投入垃圾箱内；把废弃物放入垃圾箱内。有些不自觉的人，把这些东西随便丢在座位下面，很不好，也不卫生。自觉保持车厢的整洁也是我们每个人应该努力做到的。

不随意脱下鞋子，更不可把脚跷放到对面座位上；把鞋脱了，伸出脚搁在对面座位上，非但不雅观，还是对对面的旅客极大的不尊重。尤其是一些乘客的袜子有异味。

车厢内禁止吸烟。如果是吸烟的人，应到列车上的吸烟区或两节车厢之间的过道里去吸。不可长时间占用卫生间和盥洗间。

特别要注意的是不大声聊天，每个人都应该自觉保持车厢的安静。在车厢内不能大声喧哗，以免影响其他旅客。

阅读后的杂志或报纸要整理好，随便一扔就下车也是不文明的行为。有些人在用厕时有看报、看杂志的习惯。但是在厕所紧张的火车上，千万不要这样做。因为这种行为让人觉得非常自私，根本没有为别人考虑。

三、就餐礼仪

餐馆是公众场合，人来人往非常频繁，所以，要特别注意自己的公众形象。

到餐馆去，或宴请朋友，或家庭小聚，或临时用餐，要衣着整齐，穿束得体。不论何时都不要只穿背心、裤头或敞胸露怀进入餐馆。遇到熟人打招呼，不要大呼小叫，拍拍打打。应当走到他的身边进行交谈。

如果没有预订位置，要请服务人员帮助安排。暂时没有位置时，应当耐心等待。确实不能久等的，可以和服务人员讲明情况，如果不行宁可换个饭店，也不要发生口角。进入饭店，如有座位，应当尽快入座，以免影响他人。不要哄抢位置，不要多占位置。小件物品可以随身携带或放在桌边，如有空位，可以暂时放在凳子上；有人没有位置时，要主动把自己的物品拿起，给别人腾让位置。

要尊重服务人员的人格和劳动。对服务人员要给以配合，不要颐指气使，不随意把人呼来唤去，不提过分要求。如果出现问题，应当平静地说明情况，讲清道理。不要激动，不要暴躁。实在讲不通时，应请他们的领导来协调解决。

入座时要礼让，不要旁若无人，自己一屁股先坐下。要主动和人打招呼、问好，要尽快地选择与自己身份相当的位置坐下。在就餐时，交谈的声音不要过高，更不要大声喧闹。如果有酒助兴，也需要顾及他人和注意个人形象。不要吆五喝六，不要动作张扬，不要嬉笑打闹。更不能酗酒闹事，否则，搞得丢人现眼，让同行的人也尴尬难堪。鸡骨鱼刺吐到小盘里。不要把餐巾纸乱扔。保持餐厅的卫生。

用完餐后，要及时结账，及时离开，给后来的人让出位置。不要无休止地说个没完没了。离开时不要忘记给服务人员说声“谢谢”“辛苦了”“再见”。通过其他席位时，要轻捷、肃静。不要交头接耳，慢慢腾腾，甚至吆吆喝喝、前呼后拥。始终保持一种稳重、平和、文雅、自信的风度。

四、乘电梯的礼节

电梯到达时，不要你争我抢。应让女士或老弱先进入或走出电梯。进入电梯后应靠后面站，并立即转身面对电梯门，避免与他人面对而立；如果人很多，难以面对电梯门时，尽量侧身面对别人。在电梯内，勿高声谈话，更勿吸烟。应等下电梯的人先走出电梯后，再进入电梯。等候电梯的人很多时，主动等下一部电梯，不同他人争抢电梯。

陪同客人乘电梯，如果电梯内没有其他人，在客人（上司）之前进入电梯，按住“开”的按钮，再请客人进入；到达目的地后，按住“开”的按钮，请客人先下。如果电梯内有人，无论上下都应客人（上司）优先。

五、探视病人的礼节

去医院或家中看望病人是人之常情，也是家庭的重要内容。探望可以让病人和其家属得到精神上的安慰，同时可以加深了解，增进感情。

探病前要了解病人的特点和医院的探视制度，尽量避开病人休息和护理工作繁忙时间。探视病人要关怀、安慰病人，使其精神振作、心情愉快地去战胜疾病，而不能神态过于沉重，给病人带来更大的精神压力和心理负担。

进病房要先轻轻敲一下门，或轻轻开门进去。到病床前，先把礼物放下，见到病人，要同平常一样自然、平静、面带微笑，主动上前握手，不宜握手时，可探身表示慰问。见到病人治疗用的针头、皮管、纱布、绷带要表现出平静的样子，切不可表现出惊讶的神态，不然病人会增加精神压力。然后坐在病人身旁或拿一个椅子坐下。

坐下后，要亲切目视病人，先问一声"今天好些吧"或"今天精神好多了"，然后再关切地询问病人病情和治疗情况。交谈中，要让病人介绍情况，自己不要滔滔不绝地唠叨。多讲些慰问、开导和鼓励的话，用乐观向上的语言给病人以精神上的鼓励，不要提及刺激病人的话题，多讲些愉快的事，使病人得到宽慰和快乐。要帮助病人增强战胜疾病的信心，积极配合医生医疗，不要再为工作、家事操心，安心治疗。

另外，不要在病人的房间待得过于长久，这不仅会使人感到疲劳，还会妨碍病人休息。10 分钟左右即可起身告辞，问一下病人有什么需要帮助的，有什么事要帮忙办理的。离开前再嘱咐病人安心治疗，表示过两天再来看望。看望病人时，带去一束鲜花，可增加房间的美和活力，还可带一些滋补食品和饮料。食品的选择应根据病人的病情有选择地选用。

如果是危重病人，则不应作交谈，只是探视，简单而深情地安慰、鼓励，再向病人的亲属致意以后就可告辞。不便当着病人的面交谈的，可在其亲属送到门外时再谈，以免引起病人疑虑，加重病情。

六、观看演出的礼节

到影剧院看电影、戏剧，是一种高尚的娱乐和美的享受，观众应当在高度文明的环境中观赏演出，每位观众都应当遵守影剧院里的公共秩序，讲究文明礼貌。

（1）买票时，要排队，不要插队，也不宜请人代买。

（2）入场必须守时。进影剧院要提前几分钟到场，对号入座。看电影迟到了，可请服务员引导入座，行走时脚步要轻，姿势要低，不要在人行道上停留，以免影响他人。看戏迟到最好在幕间再入座，入座时身体要下俯，要向所经过的观众道歉，说一声"对不起"。如果别人坐错了你的位子，要轻声和蔼地再请他验看一下座号，不要引起争执。必要时可以请服务员帮助解决。遇到熟人，不要大声招呼，也不要挤过去交谈，点一下头，打一个手势就可以了。

（3）言谈注意文明。观看演出过程中不要谈笑喧哗，更不宜高声发表评论。观看时，不要吸烟，不吃带皮带核的东西，不随地吐痰，不乱扔杂物，不高声说话。要注意脱下帽子，身体不要左右摇晃，两腿不要抖动，更不要脱鞋子，引起别人讨厌。观看已经看过的影剧，不要在下边讲解、介绍、评论；热恋中的青年，应当自重，注意端庄，在公共场合过分亲昵是不文明的。

（4）要尊重演员的艺术创造。马克思认为："需要赞扬和崇拜是艺术家的天性。"观众的掌声是对演员的最好赞扬，会使演员受到激励，发挥出更佳水平，使观众得到更好的艺术享受。演出中出现差错失误，不应嘘嘘起哄，在适当的时机给以更热烈的掌声。这掌声，体现了对演员的体谅，是对演员的爱护和培养。演员在经常听不到掌声的剧院演出，就可能失去信心，失去进取精神。所以，在我们观剧时，对精彩的表演，要经常报以热烈的掌声，表达对演员的尊重和激励。演出结束时，要起立站在原位，热烈鼓掌，感谢全体演职人员的艺术创造和辛勤劳动。

（5）鼓掌是一门学问，一般应请注意以下几个问题：第一，受欢迎的著名艺术家第一次出台时，一定鼓掌甚至起立鼓掌。第二，观看精彩节目，可持续鼓掌。第三，演出全部结束后，观众应起立鼓掌。

（6）中途没有非常情况，不要离场，必须离开时，要等幕间，看电影不要在情节紧张、热烈时离场。离座时，要轻声地说"对不起""劳驾""借光"等，压低姿势，轻步退场。

（7）演出将结束时，不要提前起立退场，这会导致全场混乱，对演员十分不礼貌。散场时要慢慢依次退出，不要前挤后拥。

第四节　电话礼仪

今天电话已经非常普遍了，它已经成为人们交流信息、联络情感不可缺少的一个工具。而电话的使用，直接反映出电话使用者的素质。

一、打电话礼仪

（一）时间选择

应在对方方便的时间打电话。

（1）休息时间别给人家打电话。除非万不得已，晚上 10 点之后，早上 7 点之前，午休时间，没有什么重大的急事别打电话。

（2）就餐的时间别打电话。

（3）注意时差。如果是打到国外，要注意时差的问题。

（二）空间选择

任何一个有教养的人是不会在公众场所比如教室、会议室打电话的。也不能在飞机上、加油站打手机，因为这样非常危险。

（三）通话长度

通话时间宜短不宜长。电话礼仪有一个规则，叫作电话三分钟原则，就是通话的时间尽量控制在三分钟之内。长话短说，废话不说。

（四）通话内容

有所准备：通话之前应该核对对方的电话号码、公司或单位的名称及接话人姓名。写出通话要点及询问要点，准备好纸和笔以及必要的资料和文件。

注意礼节：接通电话后，应主动友好，自报一下家门和证实一下对方的身份。打电话要坚持用“您好”开头、“请”字在中、“谢谢”收尾，态度温文尔雅。

（五）终止电话

打电话谁先挂呢？社交礼仪的标准化做法：地位高者先挂。不宜“越位”抢先。不可只管自己讲完就挂断电话，那是一种非常没有教养的表现。

二、接听电话的礼仪

（1）铃响三声内将电话接起，微笑而礼貌地说：“你好！×××部，×××（指姓名）”。铃响不过三声，避免让打电话的人焦急不安或不愉快。

（2）接电话时，一定要认真倾听，不要随便打断对方讲话，要搞清楚对方来电的目的，尽可能迅速地做出相应的回答。若通话内容较复杂，或有不清楚的地方，最后应当将要点复述一遍，以避免遗漏或有偏差。

（3）确定不是本部门的事件，礼貌地告知其应该联系的人员或电话，或者给他转接过去。

（4）通话结束后，若是对方打过来的电话，宜在确认对方已放下电话筒后，再放电话；若对方为接听者，则应在通话结束后，先将电话挂上；但对方若在年龄、职位级别上均处于高位，则应先确认对方放下电话后，再放电话；反之亦然。

（5）自己处理不了的工作，要婉转地告诉对方：“对不起，这个事情我不太清楚，我请我们×××部的×先生（小姐）来接电话，您稍等。”

（6）有时领导或者同事不在，接电话人应婉转地询问：“需要留话吗？”或“我能否告诉我们领导（我的同事）是谁给他打电话？”这样对方会把姓名和打电话的理由告诉你。

（7）接到打错的电话，应温和友好地告诉对方：“对不起，打错了。我是×××公司。”

（8）在电话中接到正式邀请或会议通知，接听者应致谢；如果是私人礼节性邀请，也可礼节性致谢或顺便礼节性邀请对方。

（9）电话完毕后要道“再见”，并等对方先挂断电话后再挂电话，话筒要轻轻放下。

（10）真诚地致谢。最后的道谢也是基本的礼仪。来者是客，以客为尊，电话交谈完毕时，应尽量让对方结束通话，向他们道谢和祝福，等对方放下话筒后，再轻轻地放下电话，以示尊重。

三、使工作顺利的电话术

（1）迟到、请假由自己打电话；

（2）外出办事，随时与单位联系；
（3）外出办事，应告知去处及电话；
（4）延误拜访时间应事先与对方联络；
（5）用传真机传递文件后，以电话联络；
（6）同事家中电话不要轻易告诉别人；
（7）借用别家单位电话应该注意：一般借用别家单位电话，不要超过十分钟。

四、接听电话的禁忌

（1）不应该在公共场合，尤其是楼道、电梯、路口、人行道等人来人往的地方，旁若无人地使用手机。打电话是私密的事情，不必当众喧哗，影响他人。

（2）不应该在要求“保持安静”的公共场所，如音乐厅、美术馆、影剧院或歌剧院等表演、比赛的场合使用手机。这是对演员、观众最起码的尊重，也是进入上述场合的起码礼仪。

（3）在聚会期间，如开会、会见、上课之时应自觉关闭手机，或将手机设定至震动状态，这是对会议主持人、老师、听众的礼貌。

（4）不要在驾驶汽车时接听手机电话或发短信，或查看寻呼机，以防止发生车祸。

（5）不要在病房、加油站等地方使用手机，以免所发信号干扰治疗仪器，有碍治疗或引发油库火灾、爆炸。

（6）不要在飞机飞行期间使用手机，否则会干扰仪器，导致飞机失事等严重后果。

五、正确使用移动电话

使用移动电话，有以下四点要注意：

第一，在公共场合打手机，说话声不要太大，以免影响他人或泄露公务与机密。

第二，使用手机要注意安全。驾驶车辆、乘坐飞机和进入加油站按照有关规定不要使用手机，以免发生危险。

第三，使用手机不要制造噪音。开会也好，观看演出也好，工作场合也好，不要让手机发出铃声。要养成习惯，进入公共场合手机改为振动或者关机。

第四，手机放置的位置有讲究。一般手机不要别在腰上，不要挂在脖子上。正常情况下，手机放在自己公文包里是比较合适的。

第五节　交谈礼仪

交谈礼仪是人们在进行语言交流中应具备的礼仪规范。其目的是通过传递尊重、友善、平等的信息，给对方以美好感受，进而影响对方接受传递者的观点、信念，使利益关系在相互理解、协调、适应的过程中得以实现，以完善个人和组织形象。

在人际交往中，如果不注意交谈的礼仪规范，用错了一个词，多说了一句话，或选错话题等都会影响人际关系。“良言一句三冬暖，恶语伤人六月寒”，因此，在交谈中必须遵从一定的礼仪规范，才能达到双方交流信息、沟通思想、增进友谊、加强团结的目的。

一、交谈的作用

交谈是一门艺术，而且是一门古老的艺术。“一人之辩重于九鼎之宝，三寸之舌强于百万之师。”在人类发展史上，交谈作为一种社会现象，是和人类劳动、生活、交际活动一起发展起来的。交谈的艺术性体现在：尽管人人都会，然而效果却大不一样。所谓“酒逢知己千杯少，话不投机半句多”，正说明了交谈的优劣直接决定着交谈的效果。与人进行一次成功的谈话，不仅能获得知识、了解信息，而且感情上也会得到很多补偿，会感到是一种莫大的享受；而参与一场枯燥无味、死气沉沉地交谈，除了是时间上的浪费之外，还会有一种受折磨的感觉。

交谈是建立良好人际关系的重要途径，是连接人与人之间思想感情的桥梁，是增进友谊、加强团结的一种动力。“良言一句三冬暖，恶语伤人六月寒”，说明交谈在交往中的作用是举足轻重的。一个人善于交谈就能广交朋友，与人友好相处，为社会增添和谐，就能享受到社会的友情与温暖。在现实生活中，我们经常看到不少人因话不得体，伤害了亲友，得罪了同志，甚至有些人因言语失误，结怨结仇，操刀动斧，酿成生活悲剧。

交谈不仅是人们交流思想的重要手段，而且是学习知识、增长才干的重要途径。善于同有思想、有修养的人交谈，就能学到很多有用的知识。“与君一席谈，胜读十年书”就是对交谈意义深刻的总结。英国文豪萧伯纳曾经说过：“你我是朋友，各拿一个苹果，彼此交换，交换后仍各有一个苹果；倘若你有一种思想，我也有一种思想，而朋友相互交流思想，那么，我们每个人就有两种思想了。”可见，广泛地交谈可以交流信息、深化思想、增强认识能力和处理问题、解决问题的能力。因此，掌握交谈的礼仪要求、提高交谈的语言艺术，对于提高工作水平和工作效率，也具有极其重要的作用。

二、交谈的语言艺术

（一）准确流畅的语言

在交谈时如果词不达意、前言不搭后语，很容易被人误解，达不到交际的目的。因此，要避免使用似是而非的语言，去掉过多的口头禅。

语言准确流畅还表现在要让人听懂。第一，要注意讲对方听得懂的语言，如：在国内交流最好讲普通话，全国人民都能听懂。第二，非专业场合不要用过分专业的词汇，让人感到理解困难，没办法交流，不容易互动。

（二）委婉表达自己的意思

避免使用主观武断的词语，如“只有”“一定”“唯一”“就要”等不带余地的词语，要尽量采用与人商量的口气。

先肯定后否定，学会使用“是的……但是……”这个句式。把批评的话语放在表扬之后，就显得委婉一些。

间接地提醒他人的错误或拒绝他人。

（三）把握分寸

谈话要把握好“度”，不要唱“独角戏”，搞一言堂，不给别人说话的机会。要注意互动。还要察言观色，注意对方情绪，对方不爱听的话少讲。开玩笑要看对象，一般不要随便开女性、长辈、领导的玩笑。

（四）适度表现幽默

交谈过程中也许会出现不和谐的地方。交谈者随机应变，适度幽默可以化解尴尬局面、增强语言的感染力。如钢琴家波奇，有一次在美国福林特城演奏，发现听众不到大半，他当然很失望也很难堪，但是他走向舞台时却说：“福林特这个城市一定很有钱，我看到你们每个人都买了两三个座位的票。”于是，整个大厅里充满了欢笑。波奇以寥寥数语化解了尴尬的场面。

可见，幽默不仅反映出一个人随和的个性，还显示了一个人的聪明、智慧以及随机应变的能力。

需要注意的是，幽默不是卖关子、耍嘴皮。幽默要在入情入理之中，引人发笑，给人启迪。

三、交谈的语言规范

在交谈时对语言的要求是：文明、礼貌、准确。语言是交谈的载体，交谈者对它应当高度重视，精心斟酌。

（一）语言要文明

作为有文化、有知识、有教养的现代人，在交谈中，一定要使用文明优雅的语言。下述语言，绝对不宜在交谈中采用：

第一，粗话。有人为显示自己为人粗犷，出言必粗。讲粗话是很失身份的。

第二，脏话。即口带脏字，说起话来骂骂咧咧，“出口成脏”。讲脏话的人，十分低级无聊，自贬身份。

第三，荤话，即说话者时刻把艳事、绯闻、色情、男女关系之事挂在口头，说话带色。爱说荤话者，只不过证明自己品位不高，而且对交谈对象不够尊重。

第四，怪话。有些人说起话来，怪里怪气，或讥讽嘲弄，或怨天尤人，或黑白颠倒，或耸人听闻，成心要以自己的谈吐之怪而令人刮目相看，一鸣惊人，这就是所谓说怪话。爱讲怪话的人，难以令人产生好感。

第五，气话，即说话时闹意气，泄私愤，图报复，大发牢骚，指桑骂槐。在交谈中说气话，不仅无助于沟通，而且还容易伤害和得罪对方。

（二）语言要礼貌

在交谈中多使用礼貌用语，是博得他人好感与体谅的最为简单易行的做法。所谓礼貌用语，是指约定俗成的表示谦虚恭敬的专门用语。

（三）语言要准确

在交谈中，语言必须准确，否则不利于彼此之间的沟通。要注意的问题主要有：

第一，发音要准确。在交谈中，要求发音标准。

第二，语速要适中。在讲话时，对语速应加以控制，保持匀速，快慢适中。在交谈中，语速过快、过慢都会影响谈话的效果。

第三，口气要谦和。在交谈中，讲话的口气一定要平等待人，亲切谦和。不要端架子，不能随便教训人、指责别人。

第四，内容要简明。在交代问题时，应力求言简意赅，少讲废话。不要短话长说让人听起来不明不白。一般一次谈的问题不要超过三个，一个问题最好用三个理由去说明。

第五，方言要活用。交谈对象若非家人、乡亲，最好别用对方有可能听不懂的方言，否则就是对对方不尊重。在多方交谈中，即使只有一个人听不懂，也不要采用方言交谈，以免使其产生被排挤、冷落之感。

第六，外语要慎用。在普通性质的交谈中，应当讲中文，讲普通话。若无外宾在场，最好慎用外语。与本国人交谈时使用外语，不但不能证明自己水平高，反而有卖弄之嫌。

四、交谈的基本原则

第一，态度诚恳，语言准确。诚恳热情是人际交往的基本原则，交谈也应如此，在此基础上，还应注意语言表达的准确性，准确的语言能给人以清晰的美感。

第二，待人平等，语言亲切。要以自然平等的态度与人交谈，交谈的双方可能身份、地位不同，但不论在何人面前，交谈的态度都应该是坦诚平等的。在交谈的过程中，要理解和信任对方，建立和谐的人际关系。说话应该让人感到亲切，交谈时，亲切友好、轻松愉快的语言意味着平等、和谐、坦率和诚实。

第三，举止大方，语言幽默。要把握自己，与任何人的交谈都应该是落落大方的，即使是在陌生人面前，也要表现得从容不迫，不要扭捏不安、拘束，即便做不到谈笑风生，也不要躲躲闪闪、慌慌张张。在交谈时，应注意语言的幽默感。幽默感是一个人内在涵养的表现。幽默不同于一般的玩笑，更不同于戏谑。幽默，实际上充满着敏锐、机智、友善和诙谐，在会心的笑声里能启人心智。因此，善于幽默是一种能力的表现。

第四，使用礼貌用语，保持口语流畅。交谈中应随时注意使用礼貌用语，这既是一种习惯，更是一种修养。交谈中还应注意语言的流畅性，尽量避开书面语言，用口语交谈，应该去掉过多的口头语，诸如“那个”“反正”“然后”，等等。这些口头语会阻碍语言的流畅，让人感到你是个缺乏文化修养的人，是思维迟钝或逻辑混乱的人。

五、对交谈主题的要求

恰当的谈话内容给人以启迪和教育，不当的话题则会使人感到无聊或反感。故而在选择谈话内容时一定要根据谈话对象的不同，考虑选择大家共同关心和感兴趣的话题。对一些不易产生共鸣，甚至会使人反感、忌讳的话题则应加以回避。

（一）选择恰当的交谈话题

第一，既定的话题。即交谈的双方已经约定、事前有所准备的话题，如征求意见、传递信息、讨论问题、研究工作，等等，往往都属于内容既定的交谈话题。这类话题属于正式场合的交谈，要求严肃、正规，不可言语轻薄、调侃。

第二，高雅的话题。主要是指内容文明、优雅，格调高尚、脱俗的话题。例如文学、艺术、哲学、历史、地理、建筑，等等，都是高雅话题。这类话题适合各类交谈，也能够体现自己的见识、阅历、修养和品位，但要求面对知音，否则话不投机，会让人产生对牛弹琴之感。

第三，轻松愉快的话题。即谈论起来令人轻松愉快、身心放松、很有情趣的话题。比如文艺演出、流行时装、美容美发、体育比赛、电影电视、休闲娱乐、风土人情、天气情况，等等。这类话题用于非正式交谈，可以各抒己见，任意发挥。

第四，时尚流行的话题。即以当时正在流行的事物、事件、现象等作为谈论的话题，如当时的国际国内形势、天文地理，等等。这类主题适合各种场合的交谈，是一种时髦的话题，但要注意把握时事的变迁，以免不合时宜。

第五，擅长的话题。指与交谈的双方，尤其是交谈的对象有关系、有兴趣的主题。例如，与医生谈健身祛病之法，与学者谈治学之道，与作家谈文学创作，等等。但要注意需要是双方擅长，都有可谈之处，否则只一方侃侃而谈，另一方却无言以对，就无所谓交谈了。

第六，关心的话题。即对方感兴趣、关心的话题。比如，孩子的话题、房子的话题、投资理财的话题，等等，都可能是别人感兴趣的话题。

（二）言谈交流中的禁忌

1. 忌谈的话题

第一，涉及个人隐私的话题。个人隐私，即个人不希望被他人了解之事。如有关对方年龄、收入、体重、婚恋健康、个人经历等一类涉及个人隐私的话题，如非特殊职业由于工作需要必须了解相关情况外，一般情况、一般人员都不应涉及他人这方面的话题。即使是特殊人员，除工作所需要的了解之外，平时也不可将他人隐私作为话题的谈资。

第二，捉弄对方的话题。俗话说：伤人之言，重于刀枪剑戟。在交谈中，以捉弄人的话题展开交谈，不仅失礼，而且还会损害双方关系，影响正常的人际交往。成心让对方出丑或是下不了台的行为都是缺乏教养的表现。

第三，非议旁人的话题。常言说得好，“家丑不可外扬”，在外人面前说到自己的老师、自己的同事、自己的同学、自己的朋友时，要维护他们。这是一种做人的教养。有人喜欢在交谈中传播闲言碎语，制造是非，无中生有，非议其他不在场的人士。来说是非者，必是是非人。

第四，令人反感的话题。一些令交谈对象感到伤感、不快的话题，错误倾向的话题以及对方不感兴趣的话题，违背社会伦理道德、生活堕落、思想反动、政治错误、违法乱纪的话题，都属于令人反感的话题，不宜作为言谈交流的主题，遇到这种情况应该立即转移话题。

第五，倾向性错误的话题。不能非议自己的祖国、党和政府以及现行社会规范。

第六，国家、行业、单位机密。

第七，低级趣味的话题，如两性关系、黄色段子等。

2. 忌用的语气

第一，命令式的语气。这种语气会使对方有一种被驱使的感觉，使人心理上感到不平衡，有不受尊重的感受，是一种不礼貌的表达方式。

第二，质问式的语气。这种语气会使对方有一种被审讯、训斥的感觉，同样缺乏对他人的尊重，往往让交谈对象在感情上难以接受，而产生抵触不合作的情绪，使交谈难以进行。

交谈是双方思想、感情的交流，是双向活动。要取得满意的交谈效果，就必须顾及对方的心理需求。交谈中，来自对方的尊重是任何人都希望得到的。交谈双方无论地位高低，年纪大小，或长辈晚辈，在人格上都是平等的。切不可盛气凌人、自以为是、唯我独尊。所以，谈话时，要把对方作为平等的交流对象，在心理上、用词上、语调上，体现出对对方的尊重。尽量使用礼貌语，谈到自己时要谦虚，谈到对方时要尊重。恰当地运用敬语和自谦语，可以显示个人的修养、风度和礼貌，有助于交谈的成功。

六、交谈时常用的谦敬语和礼貌用语

（一）交流时常用的谦敬语

谦敬语是在人际交往中经常使用的，用来表示谦虚、尊敬的语言，也称客套话。

谦敬语的运用十分普遍，它可以说是社交中的润滑剂、黏合剂，能减少人际“摩擦”和“噪音”，可以沟通双方感情并产生亲和力，其作用是不可低估的。它可以使互不相识的人乐于相交；可以使初次见面的人很快亲近起来；请求别人时，可使人乐于提供方便和帮助；在发生不愉快时，可以避免冲突，得到谅解；洽谈业务时，使人乐于合作；在服务工作中，可以给人以温暖亲切的感受；在批评别人时，可以使对方诚恳接受。一个有教养的人，应当掌握使用客套话的艺术，自如地运用于各种场合。

交谈常用的谦敬语主要有以下几种：

（1）谦敬称呼用语。称呼尊长可用老先生、老同志、教师傅、老领导、老首长、老伯、大叔、大娘等。称呼平辈可用老兄、老弟、先生、女士、小姐、贤弟、贤妹等。

（2）事物谦敬用语。称姓名敬辞可用贵姓、尊姓大名。

（3）谦敬祈使用语。

请人提供方便、帮助——麻烦、请帮个忙。

托人办事——拜托。

请别人提意见——请提出建议和意见、请指教、请赐教。

请别人原谅——请谅解、请原谅。

中途辞别——失陪、先走一步。

以上谦敬语，比较固定而且常用。使用时，要感情真挚，发自内心，再辅以表情、眼神和手势，以增强表现力，发挥更大的感染力量。

（二）交谈时常用的礼貌用语

问候礼貌用语：您好、早上好、下午好、晚上好。

告别礼貌用语：再见、晚安、祝您愉快、祝您一路平安。

应答礼貌用语：不必客气、没关系、这是我应该做的、非常感谢、谢谢您的好意。

表示道歉的礼貌用语：请原谅、打扰了、失礼了、实在对不起；谢谢您的提醒；是我的错，对不起；请不要介意。

七、聆听的礼仪

人在社会交往中，不仅要学会交谈，还要学会倾听。倾听是一门艺术，是尊重别人的表现，是搞好人际关系的需要。懂得少说多听。中国有句古训：人长着两只耳朵却只有一张嘴，就是为了少说多听。在一般的交谈活动中，听，往往比说更重要。

（一）怎样掌握倾听的艺术？

1. 专注有礼

当别人对你谈话时，应该正视对方以示专注倾听。听者可以通过直视的两眼、赞许的点头或手势，表示在认真倾听，从而鼓励谈话者说下去。一个出色的听者，具有一种强大的感染力，他能使说话人感到自己说话的重要性。

2. 有所反应

强调听人说话要专心静听，但并不是完全被动地、静止地听，而是要不时地通过表情、手势、点头，向对方表示你在认真倾听。若能适时插入一两句话，效果更好。如“你说得对”“请你继续说下去”等。这样便使对方感到你对他的谈话很感兴趣，因而会很高兴地将谈话继续下去。

3. 有所收获

倾听是捕捉信息、处理信息、反馈信息的需要。一般来说，谈话是在传递信息，听别人谈话是接受信息。一个好的倾听者应当善于通过交谈捕捉信息。听比说快，听者在聆听的空隙时间里，应思索、回味、分析对方的话，从中得到有效的信息。

4. **察言观色**

在人际交往中，很多人口中所道并非肺腑之言，他们的真实想法往往被隐藏起来，所以我们在听话时就需要注意琢磨对方话中的微妙感情，细细咀嚼品味，以便弄清其真正意图。

（二）倾听的原则

第一，站在对方的立场，仔细倾听，不要预设立场。

第二，确认自己所理解的是否是对方所讲的。

第三，重点式地复述对方所讲的，如“您刚才所讲的是不是……”“我不知道我理解得对不对”“您的意思是……”等。

第四，要表现出诚恳、专注的态度，倾听对方的话语。

（三）倾听的技巧

第一，认真地听，勿随意打断。

第二，边听边把重点记下来，适时微笑点头。

第三，保持客观的态度、开阔的胸怀。

第四，不懂应提出，多问几个要害问题。

第五，回答要明确。

第六节　旅游文明

伴随着旅游热的不断升温，文明旅游的重要性日益凸现。游客不文明行为的产生，既可能是平时养成的不良习惯或本身的道德素质问题，也可能是由于旅游环境所导致的所谓“道德弱化”。因此，面对旅游业的迅速发展和游客的种种不文明行为，当务之急便是营造文明旅游环境。

一、游客不文明举止表现

古人说：“衣食足而知礼节。”随着经济的快速发展、人民生活水平的提高以及各地景点的增加，我国旅游业得到了迅速发展，不少地方旅游收入持续增长，游客的文明素质和道德水平不断提升。但是，从整体上看，游客的行为与快速发展的旅游业还不相适应。游客每一次出游，不仅仅是游玩、放松和享受，旅游的历程更像是一面镜子，折射着游客的文明素养。在旅游过程中，游客们言行上的小细节，不仅检验着他们的道德水平，也检验着社会健康发展程度，有时更体现着一个国家的形象。

游客在旅游过程中容易做出以下不文明行为：

（1）在公共场所大声喧哗。

（2）乱扔垃圾。

(3) 随地吐痰，“走到哪里，痰吐到哪里”。
(4) 不遵守秩序，“没有秩序，不排队”。
(5) 破坏文物。
(6) 不尊重当地风俗习惯。
(7) 不保护环境。
(8) 吃自助餐浪费。
(9) 不经过他人允许随意拍照。
(10) 参观庙宇或博物馆时衣冠不整。

游客的不文明行为有着多种原因，但归根结底，还是源于以前养成的陋习，以及不了解当地法律法规和风俗文化等。

二、旅游文明行为指南

按照《中华人民共和国旅游法》的规定，要倡导健康、文明的旅游方式。对于文明出游，政府相关部门提出了相关条例，给予人们行动指导，主要有以下内容。

(一) 国内旅游文明行为公约

(1) 维护环境卫生。不随地吐痰和口香糖，不乱扔废弃物，不在禁烟场所吸烟。

(2) 遵守公共秩序。不喧哗吵闹，排队遵守秩序，不并行挡道，不在公众场所高声交谈。

(3) 保护生态环境。不踩踏绿地，不摘折花木和果实，不追捉、投打、乱喂动物。

(4) 保护文物古迹。不在文物古迹上涂刻，不攀爬触摸文物，拍照摄像遵守规定。

(5) 爱惜公共设施。不污损客房用品，不损坏公用设施，不贪占小便宜，节约用水用电，用餐不浪费。

(6) 尊重别人权利。不强行和外宾合影，不对着别人打喷嚏，不长期占用公共设施，尊重服务人员的劳动，尊重各民族宗教习俗。

(7) 讲究以礼待人。衣着整洁得体，不在公共场所袒胸赤膊；礼让老幼病残，礼让女士；不讲粗话。

(8) 提倡健康娱乐。抵制封建迷信活动，拒绝黄、赌、毒。

(二) 出境旅游文明行为指南

中国公民，出境旅游，注重礼仪，保持尊严。
讲究卫生，爱护环境；衣着得体，请勿喧哗。
尊老爱幼，助人为乐；女士优先，礼貌谦让。
出行办事，遵守时间；排队有序，不越黄线。
文明住宿，不损用品；安静用餐，请勿浪费。
健康娱乐，有益身心；赌博色情，坚决拒绝。
参观游览，遵守规定；习俗禁忌，切勿冒犯。
遇有疑难，咨询领馆；文明出行，一路平安。

三、有关部门采取积极措施引导人们文明出游

社会应该加强对公民的旅游行为教育和规范。公民也要加强自律，外出旅游时既要自尊又要尊重他人。自尊是行为文明，树立好的个人形象；尊重他人是入乡随俗，尊重当地的文明习惯。

文明素质不只是对个人言行的要求，而且更应该是对公共服务的要求。如果公共服务的水平提升了，很多所谓游客素质的问题都能迎刃而解。

以下积极措施在引导和规范人们文明出游方面发挥了重要作用：

（1）2013 年 10 月 1 日，《中华人民共和国旅游法》（简称《旅游法》）正式实施。《旅游法》对不文明行为进行了明文禁止，文明出游成为公民的法定义务。“要把文明旅游纳入旅游合同之中，更好地约束和规范旅游文明行为”。旅游合同将《中国公民出境旅游文明行为指南》（简称《指南》）和《中国公民国内旅游文明行为公约》（简称《公约》）作为合同附件。《指南》和《公约》专门针对游客较易出现的不文明行为提出了基本要求。其中，对于刻画、涂污或者以其他方式故意损坏国家保护文物、名胜古迹的行为，处以警告或者 200 元以下罚款；情节较重的，处 5 日以上 10 日以下拘留，并处 200 元以上 500 元以下罚款。此外，《旅游法》第四十一条规定，导游和领队应当向旅游者告知和解释旅游文明行为规范，劝阻旅游者违反社会公德的行为。

（2）“免费换水”减少“乱扔垃圾”。在西安市临潼区骊山国家森林公园，一场“随手垃圾换矿泉水”的环保行动正在举行。游客只需将旅程中产生的垃圾带出景区，便可在景区门外设置的兑换点换取矿泉水一瓶。对于这种形式，游客们纷纷表示支持。来自四川的一位游客就坦言，这样的活动对自己是一种教育。

（3）限承载量化解“景区超载”。国庆长假，内地来港游客往往选择某公园作为旅游地，但这里并未出现景区超载等情况。据该公园介绍，公园有一系列应对节庆假日的疏导和控制客流的措施，其中最重要的一项是当入场人次达到海洋公园最大承载量九成，即约 35 000 人次时，公园就会间歇性暂停售票。

客流量大，园区不积极售票迎客，反而使用各种措施限售，这对于以门票为主要收入来源的景区而言岂不是有悖常理吗？香港海洋公园对此强调，园区采取非常措施只是为了保证园区环境和游客的舒适度。

（4）设涂鸦墙解决“乱刻乱画”。为防止游客“到此一游”式的乱刻乱画，武汉市黄鹤楼景区设立“电子涂鸦墙”，满足游客“留名”需要。

据景区工作人员介绍，景区一直以来都是“到此一游”的重灾区，以往客流高峰时每天需要投入 40 名工作人员巡查，但还是挡不住游客“乱刻乱画”。今年，为引导游客文明旅游，景区在十一黄金周来临之前，在黄鹤楼主楼的一、三、五层各安装了一台两米多高的电子涂鸦墙。

在屏幕上，游客可以通过手指书写作画，“挥毫泼墨”完毕后，只需用手掌在墙上轻轻擦拭，屏幕即可恢复如初。游客也可以根据需要，把“涂鸦”内容现场打印出来留作纪念。景区还将以前在景区内乱刻乱画的一些字迹扫描在了电子涂鸦墙内，以期对后来游客起到警示作用。目前，黄鹤楼主楼乱涂乱刻的现象基本消失。

（5）如果不确定自己的行为是否文明，不妨先观察一下当地人的习惯。比如，西方人

在马路上吐痰，会先吐到面巾纸上，然后包起来扔到垃圾箱里；如果附近没有垃圾箱，他们会把纸暂时放在自己衣袋里。或许我们中的很多人还不太习惯这样的方式，但是出门在外，就得入乡随俗，否则，会遭人反感。

对于出境游中屡禁不止的不文明行为，把文明旅游纳入旅游合同之中，违反者回国之后要有相应惩罚，同时对今后出境游也要有所限制。

（6）提前告知，事半功倍。导游、领队是旅游服务的一线员工，肩负着文明旅游宣传员、监督员的责任。要实现文明出境游，对于团队出游来说，关键在于旅行社出团前的“游前宣导”，要告知游客如何遵守目的地国家和地区的法律法规和社会习俗，做一个受欢迎的客人。

态度决定行为，细节决定成败。上海锦江旅游有限公司一位导游表示，在工作中，她都注意用恰当、得体的方式提醒游客文明出游。比如在等候出入境海关时，逐个提醒保持适当距离；在下榻酒店时，请游客不要大声喧哗；在参观旅游景点时，提醒说明规则规矩等，都产生了良好效果。同时，她也指出，导游劝阻不文明行为固然重要，学习了解目的地文明规范、风俗禁忌更重要。当我们的游客像当地人那样待人亲切友好、遵守公共秩序、保护生态环境时，我们也会收获外国人友善的微笑。

四、游客应提高自身素质

从根本上说，消除游客的不文明行为，还要提高游客的自身素质。加强国民素质培养是一项长期的工程。而且平心而论，研习文明旅游这门必修课并非强人所难：准备旅游物品时，可以多备上几个塑料袋；浏览景区地图时，留意一下哪里设有果皮箱；欲折一支鲜花时，想想他人尚未品味过芬芳。只有具备文明旅游的法律意识，尽到自己应尽的法律义务，举手投足之间，文明便不会远离。

我们期待在相关法律法规的约束之下，游客能加强自律，摒弃不良习惯，注意言谈举止，带着文明去旅游。在享受旅游的同时，也得到尊重。

思考与练习

1. 根据公众基本礼仪的要求，结合个人生活体验，撰写体验报告。
2. 把学生分组，规定场景、身份，选择话题进行情景模拟训练。
3. 在什么情况下，我们应该向别人说谢谢？请说出三个例子。
4. 迟到的同学在教室门口应先停下脚步，为什么？
5. 无论要求别人做什么，都应该“请”字当先。为什么？

第六章　求职礼仪

在求职过程中，无论自己的条件有多优越，在求职过程中都应讲究礼貌，注重礼节、礼仪问题。求职礼仪成为一个人道道修养的整体体现，它反映了一个人的内在品格及文化修养。

第一节　求职礼仪要素

求职礼仪主要包含以下要素：

第一，以个人为支点。个人礼仪是对社会成员个人自身行动的种种规定，而不是对任何社会组织或其他群体行为的限定。

第二，以修养为基础。个人礼仪不是简单的个人行为表现，而是个人的公共道德修养在社会活动中的体现，它反映的是一个人内在的品格与文化修养。若缺乏内在的修养，个人礼仪对个人行为的具体规定也就不可能被个人自觉遵守、自愿执行。只有“诚于中”方能“行于外”，因此个人礼仪必须以修养为基础。

第三，以尊敬为原则。在社会活动中，讲究个人礼仪，自觉按个人礼仪的诸项规定行事，必须奉行尊敬他人的原则。“敬人者，人恒敬之”，只有尊敬别人，才能赢得别人对你的尊敬。个人礼仪不仅体现了人与人之间的相互尊重和友好合作的关系，而且还可以避免或缓解某些不必要的个人或群体的冲突。

第四，以美好为目标。遵循个人礼仪，尊重他人，按照个人礼仪的文明礼貌标准行动，是为了更好地塑造个人的自身形象，更充分地展现个人的精神风貌。个人礼仪教会人们识别美丑，帮助人们明辨是非，引导人们走向文明，它能使个人形象日臻完美，使人们的生活日趋美好。因此，我们说，个人礼仪是以“美好”为目标的。

第五，以长远为方针。个人礼仪的确会给人们以美好，给社会以文明，但所有这一切，都不可能立竿见影，也不是一日之工所能及的，必须经过个人长期不懈的努力和社会持续不断的发展。因此，对个人礼仪规范的掌握切不可急于求成，更不能有急功近利的思想。

第二节　求职前的准备

一、大学生职业准备

不管你学习什么专业，我们提供的以下建议对你来说均适用，而最终实现的目标是至少在你毕业的时候很容易找到一份自己比较喜欢和能基本胜任的职业。请你记住，时刻要为四年以后要投入的那个社会做准备。

1. 至少实习三次或者兼职三次

实习让你了解真实的社会需要，也让你比较了解相对爱好的工作。你可以在大一到大三的三个暑期实习，也可以在平时就寻找与获得兼职或者非坐班实习机会——有很多创意和设计类工作是不需要坐班的。建议你的实习与兼职不要集中在一类工作中，也不要仅限于与自己学习的专业对口的岗位。

2. 四年中至少认识150个可以联系的陌生人

可以印自己的名片。在今天这个规模社交的社会中，名片也许是不多的可以与人保持联系的途径，而你如果给出名片，就有了道义理由要求人家给你名片。大学四年，在听讲座、参加志愿活动、与朋友交往认识其他朋友时，你至少要发出500张名片，大致回收150张，你可以和其中15人成为比较熟悉的朋友，发展4~5人成为你的良师益友。

3. 组织与参与3个以上学生社团、学生社会实践活动或者学生社会公益发展项目

当你代表或者作为组织成员的身份时，该角色与你的个人是两个不一样的人格形象。不见得每个人都是团队活动能手，但是不要丧失与放弃发展自己组织人格的机会，而且很大程度上社交机会与信息的获得与组织行为有更密切的关系。

4. 读240本课外书

我们普通人按照一个半月读一本书的普通速度，一辈子也就是读500本书左右，而我们要学会用快读法在大学里读完240本书，平均每学年读60本书，大致相当于每一周读一本书。有很多种快读的方法，其中最好的一种方法是一组朋友一起分工读书，然后用邮件分享读书要点。某企业最近就用这个方法让员工用四个月读完110本书。

5. 考察至少三个从未去过的地方

这里所说的是考察，就是了解一个地方的人情风情，而不只是游览旅游景点。认识风情也是一种增长见识的方式，可以扩大跨文化的能力。地方距离越远越好。也可以把朋友关系发展起来，这样一来还可以交换行住资源，降低旅行成本。

6. 尝试与掌握10条人情世故

现在依然流行的36条人情世故，在百度上很容易检索出来，我们每一个同学只要尝试学习掌握8~10条就很好了。“80后”与“90后”普遍不掌握人情世故，如掌握了这方面的技能，在交际中就能设身处地为他人着想，而得到大家的认同。

7. 每周尝试写一篇博文

把博客当成自我总结与反思的工具，也把博客当成观察社会生活与周围人群的工具。博客的写作可以使我们拥有流畅的文字表达能力与敏捷的思维分析能力。如果我们每周至少写一篇博文。我们四年就能写240篇博文，如果你能把这样的博文精选一些编成一本成长日记附在你的求职简历后面，我相信你会显得非常独特。

8. 尝试一次创业

你可以尝试一次学生创业，可以在淘宝网上开个小店，也可以在自己有兴趣或者专长的领域尝试创办公司，也可以尝试创办一个致力于社会服务的学生公益团体。如果再给个具体的目标，就是要在大学四年至少挣到过自己的5 000块钱。

可以说，这八个指标你要是实现了一个，你就已经有个不错的开端，而且在同学中显示出特色；实现了3~5个指标就会表现得很突出，而且找个工作机会根本不是问题；如果你能同时实现这8个指标，你就是一个无可辩驳的优秀人士，并且在步出校园的时候就已经非常接近于一个成功的职业人士。

二、知己知彼，有的放矢

今天的许多大学生，在求职时，像只无头苍蝇，哪儿有招聘会就蜂拥而至，广发求职信，以求“广种薄收”。当然，这种做法的成功率比较低，既耽误了时间，又浪费了金钱。其实，求职是一种双向选择，在确定求职意向的时候，一定要既“知己”又“知彼”，不要盲目出击，瞎碰运气，这样容易使人产生挫败感，令自己沮丧。

“知己”就是要明确自己的专业特长、个性特点、兴趣爱好以及职业向往，这是今后职业生涯成功与否的基石；同时，“知己”也要求清楚自己的优势和弱势，使求职更具有针对性，以增加求职的成功率。“知彼”则是指求职者应提前了解和掌握准备应聘单位的相关资料，包括单位的性质、经济效益、用工制度和要求、本次招聘的职位及要求，还有你所希望申请职位的工作职责和必备的专业技能，甚至有些企业有影响的人物如创始人等的信息都应该熟悉。

明确了自己的所长所求，也了解了用人单位的基本情况和所提供职位的要求，才能准确定位，有的放矢，把握机会，充分发挥自己的长处，积极展示自己的才能，从而获得成功。

三、信息的收集

1. 通过招聘会求职

首先，应该通过正规的劳动人事部门组织的招聘洽谈会寻找工作。因为参加洽谈会的用人单位手续齐全，一旦出现问题，能够得到合理的解决。

其次，在参加洽谈会之前，应注意随身携带有关证件、证书，应届毕业生最好准备一份成绩单和学校的推荐信，因为大部分单位会仔细考察毕业生在学校的表现和所取得的成绩。

2. 直接与用人单位联系

毕业生可以走出校门登门拜访，亲自到用人单位进行自我介绍，直接面谈获取信息，也可以通过参观实习，开拓求职视野，增强职业意识，加深对职业单位和用人单位的了解。这种信息准确，成功率高。

求职的最好时期是其他人都不清楚的时候，因为大部分工作机会在正式出现以前就可能被用人单位遇到的人得到了。因此，求职的诀窍之一就是在工作机会出现以前就与可能选择你的单位主动联系。

3. 通过职业介绍机构求职

职业介绍机构作为一种职业的中介组织，是市场经济的产物，特别是随着就业逐步走向市场化，我国劳动力市场体系也逐步形成和完善。遍布城乡的职业咨询网络，帮助大量的劳动力实现了就业，帮助下岗人员实现了再就业。可见，职业介绍机构在开展职业介绍、帮助求职者就业方面发挥了重要作用，而且在今后劳动力总体供大于求的情况下，其作用将会变得日益突出。

4. 求职的最佳时期

常言道：一年之计在于春。对毕业生求职来说，要充分利用毕业那年春节前后的时间，因为寒假时间宽裕，可以从容地做好求职前后的各项准备工作，春节一过便可去单位登门拜访。

另外，春节期间，亲朋好友、同窗接触较多，他们可以提供很多信息，会给你提供更多的帮助。春节前后各单位的人事关系变化较大，此时正需要补充人才，因此，春季应该是毕业生求职的最佳时机。

总之，当今社会充满竞争，一个机遇往往造就一代风云人物，但大家又常常抱怨机遇的不公。其实机遇不会从天而降，如果不抓住机遇，一味地消极等待，机遇也不会降临于你。所以，每一个求职者都应该及时捕捉机遇，增强竞争意识，积极参与竞争，争取在激烈的竞争中取胜。

四、应聘资料的准备

如果说求职的过程就是一个自我推销的过程，那么应聘资料就好似广告和说明书，把求职者的特点、能力及基本情况全都反映出来了。呈送应聘资料的目的是为了得到面试的机会，它必须在有限的篇幅内突出个人的特点，以赢得招聘者的关注。因此，一份好的应聘材料无疑是求职时一个重要的敲门砖。

一份完整的应聘材料包括个人简历、求职信和相关的证明材料复印件，一些企业还要求有一份推荐信。下面分别介绍这些应聘材料的撰写要求。

（一）个人简历

简历是一个人在一定时期内的重要经历，它是了解一个人大致情况的主要依据。而求职简历则有它特殊的一面，用人单位通过简历是要了解求职者学过些什么，做过些什么，是否具有某方面的能力或发展潜力，是否与招聘职位的要求吻合。因此，在拟写简历的时候要注意以下几个问题：

1. **简历要“简”**

简洁明了的简历既能够突出个人的重要信息，减少不必要的干扰信息，也能够照顾到招聘者的阅读。招聘者在每一次招聘活动中，要收到大量的求职材料，长篇大论的材料是一定不会受欢迎的。一般的简历有一至两页就足够了。

2. **重点突出**

用人单位想要了解的重点是你可以为他们做什么，所以简历的重点在于突出个人的学习（或培训）经历、工作经验及曾取得的成绩。但如果把自己写成一个什么都能干的人，也许最后会什么都不让你干。因此，若有多个求职目标，最好写上多份不同的简历，在每一份上突出重点，这将使你显得与众不同，获得招聘者的青睐。

3. **真实准确**

在简历的编写中一定要遵循诚实的基本原则，如实地表达出你的学习能力、工作能力和各项技能水平，以及工作经历和所取得的成绩，不可夸大其词，更不许有虚构的成分。要知道，讲真话不一定总能使你得到工作，但是谎言往往能被人们找到破绽，哪怕是一个小小的细节，它既会让你人格受损，也会让你错失良机。

4. **用词得当**

语言表达能力是一个人最基本的素质之一，不管什么行业对此都是非常重视的。首先，应该用词准确，表情达意清楚明了，不模糊含混。其次，用词要讲究表现力，比如专业术语的使用就比一般性说法要更能表现你的专业素养，具体数据的使用比用“大量”“很多”等词更让人信服。最后还要注意的是，在简历（包括后面的求职信）中，一定要避免出现错别字。许多招聘人员都谈到过，当他们发现错别字时，就会停止阅读。

5. **格式**

如果你写得一手漂亮的字，那么你的简历不妨用手写的方式来写，为自己多提供一个展示才能的舞台，也能使自己的简历在众多的打印材料中显得与众不同，以吸引招聘人员的眼球。

现在许多学校都自己设计了简历的标准格式，多为表格的形式。这样可以规范简历的内容与形式，也使页面显得干净整洁，一目了然。

（二）简历的主要要素

HR 在筛选简历时一般会重点注意几项内容：应聘者的期望；公司招聘岗位所需素质相关的表现，如学习成绩、社会工作经历，以及体现个人优秀素质的独特经历。另外，也注意教育背景，如学历、专业、毕业院校。如果需要面试，应聘者的一些基本信息不可少，包括姓名、联系方式等。

由此可见，一份简历至少要包括以下几个方面的内容：

（1）应聘的岗位或求职希望。

（2）基本信息：姓名、性别、联系方式（邮寄地址和邮编、联系电话、电子邮件）。最好留下手机号码并保持手机畅通。

（3）教育背景：最高学历、毕业院校、专业。

（4）与应聘岗位需求素质有关的表现、经历和业绩等，最好主题突出、条理清楚地写下来。

（5）可以附上有关证明材料的复印件，如获得奖学金、优秀干部、实习鉴定、专业资格证书和发表过的论文的复印件。

（三）简历的形式

企业招聘时一般都要求应聘者先发电子简历，他们往往先通过简历对应聘者进行初步的筛选。那么如何才能写一份好简历，让自己从千百份简历中脱颖而出呢？或者说企业最喜欢什么样的简历？

1. 内容必须真实

不管是你的知识水平、业务能力，还是你的工作经历，也不管是简历的哪个环节，哪怕是一个细小的部分，在书写这些东西时，都要遵循真实原则，并要执行好“真实”这个原则。在招聘过程中，一旦被用人单位发现简历有造假的现象，该应聘者将会错失这个工作机会。

2. 目标一定明确

在申请大公司的职位时，一定要在简历最醒目处，明确表述自己希望工作的“目标城市”“目标部门”以及“目标岗位”。特别要重视自己理想的职位是什么，然后从专业、技能、经验、兴趣等方面简单分析你的目标职位的由来。绝对忌讳那些眉毛胡子一把抓的申请者，而这种对自己职位没有明确目标的申请者，也是最容易被淘汰的对象。

3. 简单但要厚实

一般来说，人力资源部门负责第一轮简历筛选的人根本没有那么多的精力细看简历。据西门子公司负责校园招聘的工作人员介绍，在第一轮筛选简历时，平均来讲，看一份简历最多只有 30 ~ 40 秒的时间，所以张数太多的简历很容易招人烦。建议简历张数最好控制在一两张内，最多不要超过 3 张。

一份“一目了然”的简历，一定是把应聘者的最大特点放在简历最突出的位置。千万不能让筛选简历的人从简历中总结、提炼你的特点。

厚实是指简历内容要丰富，传递的信息量必须大。要把自己的教育背景、工作经验、能力优势都一一表达清楚。

4. 采用倒叙方法

很多人在写简历时，喜欢从过去讲到现在。建议最好采用倒叙方式来写，直接从最接近的时间入手，让简历筛选者更容易获得重要的信息。必要时，一些重要信息可以重点处理，但千万不要处理得太花哨，便于阅读是最主要的原则。

5. **莫写所有经验**

你所参加的实践、项目以及自己写的论文等最好不要全部写出来，只需要描述与自己现在应聘职位要求所相关的经验、经历就可以了。用这些经验证明你有能力做好自己的目标工作，能胜任自己的目标岗位。

6. **不同公司简历不同**

公司不相同，文化自然有差异。应聘者千万要记住，应聘不同的企业，一定要用不同的简历。这并不是主张应聘者简单地变更一下原来的简历就可以，而是建议应聘者结合要应聘的企业，重新写自己的简历。

7. **不必附加证书**

在第一轮递简历时，不必附加证书。最好的做法是：在用人单位通知你参加笔试、面试时，如实提交与申请职位相关联的证书。

第三节　面试礼仪

面试是成功求职的临门一脚。求职者能否实现求职目标，关键的一步是与用人单位有关人员见面，与人事主管进行信息交流，以便使人事主管确信求职者就是用人单位所需要的人才。面试是其他求职形式永远无法代替的，因为在人与人的信息交流形式中，面谈是最有效的。在面谈中，面试官对求职者的了解，语言交流只占 30% 的比例，眼神交流和面试者的气质、形象、身体语言占了绝大部分，所以求职者在面试时不仅要注意自己的外表及谈吐，而且要注意避免谈话时做出很多下意识的小动作和姿态。

一、面试前的物件准备

面试前应准备好需要的所有物件，包括公文包、求职记录笔记本、多份打印好的简历、面试材料、个人身份证、登记照等。所有准备好的文件都应该平整地放在一个牛皮纸的信封里。

公文包：面试时带上公文包会给人以专业人员的印象。公文包不要求买很贵重的真皮包，但应看上去大方典雅，大小应可以平整地放下 A4 纸大小的文件。

求职记录笔记本：里面应记录有参加过求职面试的时间，各公司名字、地址、联系人和联系方法，面试过程的简单记录、跟进记录等。求职记录笔记本应该随时带在身边，以便记录最新情况或供随时查询。

面试时还应带上笔、简历、身份证、个人登记照，以及学历证书、获奖证书等备查文件的正本和复印件。如果面试时公司人事主管提出查看一些文件的正本而面试者又没有带的话，是非常尴尬和不礼貌的，这是面试时最应该避免的疏漏。

二、面试仪表礼仪

仪表指的是个人的外表，包括仪容、发型、服饰等。在面试时注意个人的仪表美，既是自尊自爱的表现，也是对他人尊重的体现。现在许多大学生赶场似的奔波于各个招聘会，匆匆忙忙，风尘仆仆，来不及整理个人的仪容仪表，使个人气质形象受到损害，同时也给招聘单位留下一个不重视形象的印象。试想一个不重视个人形象的人，今后怎么能重视单位的形象呢？因此，在面试前对自己的仪表进行适当修饰是十分必要的。

（一）仪容整洁

仪容整洁，首先是要保持面部的清洁，尤其是要注意局部卫生，如眼角、耳后、脖子等易被人们忽略的地方。其次，对于女学生，最好化淡妆，将面部稍做修饰，做到清新、淡雅，色彩和线条运用都要"宁淡勿浓"，恰到好处，使人显得精神、干练即可，一定不能过浓或夸张，避免给人留下过分招摇和落俗的印象；男生则需要修面，不可胡子拉碴，显得无精打采，邋里邋遢。另外，还要注意身体异味的问题，勤洗澡，不抽烟，面试前不吃大蒜等有强烈异味的东西，以免口气熏人。

（二）发型适宜

发型既要与个人的特点相符，也要与服饰相配。但在面试时，许多学生很注意着装，却忽略了发型的设计，认为头发只要干净就好。其实，发型在整个仪表美中占有很重要的位置。所以，除了发型要适合个人的脸型、个性特点和当时的着装以外，还要注意面试的特殊要求。面试时，对发型总的要求是端庄、文雅、自然，避免太前卫、太另类的发型。同时还应与所要申请的职位要求相宜，比如，秘书要端庄、文雅，营销人员要干练，与机器打交道则要求短发或盘发。一些长发披肩的女生要注意，在面试时，头发切忌遮住脸庞，除非是为了掩饰某种生理缺陷，否则会让主考官对你印象模糊。男生的发型以短发为主，做到前不覆额，侧不遮耳，后不及领。

（三）着装得体

一位人力资源部经理曾说过："你不可能仅仅因为打了一根领带而获取某个职位，但你肯定会因戴错了领带而失去一个职位。"由此可见，得体的衣着对求职的顺利进行有着不容忽视的作用。那么，大学生求职时的着装应注意什么呢？保留学生装清新自然的风格。很多同学误以为求职时的服装要高档、华丽、时髦，其实学生装纯真自然的本色才是它最大的魅力，年轻人蓬勃的朝气、清新脱俗的风格，都可以从中显露出来，进而赢得主考官的青睐。但这并不是说面试时可以穿成平时的样子，而是要求在服饰色彩的搭配、细节等方面做精心的准备。

首先，服装要整洁。整洁意味着你重视这份工作，重视这个单位。整洁也不要求过分的花费，洗得干净、熨烫平整即可。

其次，要简洁大方。尽可能抛弃各种装饰，如繁杂的花边、色彩鲜艳的刺绣、叮当着响的配饰等，同时还要忌那些过短、过紧、过透和过露的衣服。女生一般以样式简洁的套装套裙、连衣裙等为主，男生则是清爽的衬衣、平整的夹克或西服。

再次，颜色的选择要适宜。过于鲜艳夺目或跳跃度过大的颜色都不宜穿，这会让主考官很不舒服。一般柔和的颜色具有亲和力，而深色则显得比较庄重，你可根据所求职位的要求，选择不同的色系。

最后，还要注意与服饰搭配的其他饰物，尽量不要戴太贵重的和一走动就发出响声的饰物，配饰一定要与服装统一；穿裙子时，一定不要光着腿，宜穿肉色长筒丝袜；鞋子不能穿类似拖鞋的后敞口鞋，皮鞋要擦拭干净，不能带灰带泥。

总之，出门前对着镜子再好好审视一下自己的仪容仪表，务求做到整洁、大方、端庄、得体。

三、面试举止礼仪

个人的举止礼仪，既有“站”“行”“坐”等姿态方面的内容，同时也包含了众多的细节。本节更多地从细节入手来谈面试的举止礼仪。

（一）准时赴约

守时是一种美德，也是一个人良好素质修养的表现。因此，面试时一定要准时守信。迟到，既是一个人随随便便、马马虎虎、缺乏责任心的表现，同时也是一种对主考官不礼貌、不尊重的行为。特别是外资企业，对不守时的员工随时会解雇，更何况是在面试的时候呢？一般最好提前15~20 min到达，这样既可以熟悉一下考场周围的环境，也有时间让自己调整心态，稳定情绪，以避免仓促上阵。

（二）尊重接待人员

到达面试地点后，应主动向接待人员问好，并做自我介绍，同时要服从接待人员的统一安排。要知道，有些单位对你的考核从这一刻就已经开始。

（三）重视见面礼仪

首先，进门时应先敲门，即使房门虚掩，也应礼貌地轻轻叩击两三下，得到允许后，轻轻推门而进，然后再顺手将门轻轻地关上。整个过程要自然流畅，不要弄出大的声音，以显示个人良好的习惯。

其次，进入面试室后，先向各位主考人员问好，当对方说“请坐”时，一定要在说了“谢谢”后，方可按指定的位置坐下，并保持良好的坐姿。

（四）注意表情礼仪

面试的时候，大多数人都会很紧张，这会使应试者的表情不自然。其实，保持自信的微笑，从容镇定，把自己的真挚和热情“写”在脸上，才能让人产生值得信赖的好感。另外，面试时的目光也很重要，应大方地注视着对方，不可游移不定，左顾右盼，让人怀疑你的诚意。

（五）适时告退

当考官有意结束面试时，要适时起身告辞，面带微笑地表示谢意，与考官等人道别，离开房间时轻轻带上门。出场时，别忘了向接待人员道谢、告辞。

（六）致信道谢

面试结束后，为给对方加深印象，或弥补面试时的不足，最好再给主考人员写封感谢信，篇幅要短，在信中一方面致谢，另一方面可再次表达对该单位的向往之情。

四、面试谈话礼仪

（一）谈话内容方面应注意的问题

首先，应该注意用语礼貌，切忌出现不文明的语句，称对方公司时要用第二人称的尊称“贵”，比如“贵公司”，如果你是一个归宿感很强的人，也可以直接称“我们公司”。另外，“请”“谢谢”等礼貌用语要常挂在口，少说或不说口头禅，更不能出言不逊，贬低他人。

其次，在回答问题时，对方问什么答什么，问多少答多少，切忌问少答多、问多答少。

再次，还要注意把握谈话的重点，不要离题，不要啰唆。一个说话不得要领的人，也是一个思路不清晰的人。

最后，还要强调的是，在回答任何问题时都要诚实，做到准确客观，不可编造谎言，夸夸其谈，炫耀自己，令人心生反感。

（二）谈话形式方面应注意的问题

第一，一般的应聘应该用普通话对答，要求发音准确，吐字清楚，语速适中，语调不宜过高，声音不能太小。

第二，说话时态度诚恳、谦逊，不要咄咄逼人，如果自己要提一些要求，也尽量使用商量的语气。

第三，切忌任意打断考官的谈话，喧宾夺主，随意插话，这是极不礼貌的行为。

第四，说话时不要滔滔不绝，口若悬河，狂妄自大。第五，注意聆听别人的谈话。当考官在说话的时候，一定要用心地听，不能东张西望，毫不在意。

【案例】一天，一家公司的人力资源部经理来上班，在公司大楼的大厅里有很多人在等电梯。电梯来了，人们一拥而进，十分地拥挤，于是站在电梯按钮旁的人就开始为大家按要到的楼层。这时，一个陌生的小伙子想从人群中挤到按钮跟前去自己按，旁边的人说：“你就说你到几楼吧，前面的人会帮你的。”小伙子说了声“九楼”，别人就替他按了一下“九”，小伙子再也没吭气。等人力资源部经理到了办公室，刚坐下一会儿，助理就来说有人来应聘，经理一看，就是刚才在电梯里的小伙子。经理询问了一下他的专业学习情况，说实话，经理对他的专业水平很满意，但一想到他刚才在电梯里的表现，还是决定不录取他。旁边的助理很奇怪，问经理原因，经理说：“电梯里那么挤，他还要自己去按，说明他缺乏合作精神；别人帮助了他，他连个谢谢都不说，说明这个人没礼貌，所以，我不能要他。”

案例分析：礼貌——一个人的介绍信。不管在什么样的情况之下，这都是做人最基本的修养和应具备的素质。如果连这一点都做不好，即使有再高的专业水平，也只能是枉然。

五、面试应答技巧

归纳起来讲，面试应答有以下技巧：

（1）自信是成功应答的首要条件。

（2）在应答中要确立对方意识。

（3）熟悉常见的考题，事先演练。

（4）面试时提问的技巧。在面试中，应聘者除了要接受别人的提问外，也常常会有提问的机会。通过你的提问，可以使考官们看到你的目标、业务水平、看问题的角度及深度等。所以，如果遇到这个环节，一定要抓住机会，在最后给考官留下一个完美的印象。那么，究竟应该问些什么问题呢？首先，一些常识性的问题不要问，诸如“公司有多少年的历史？”“有多少员工？”等，只能显出你缺乏准备和无知。其次，以自我为中心的问题少问，或者从侧面来问，不要太直接，如“工资多少？”“福利有哪些？”“休假有多少天？”等等，否则显得太急功近利，视野狭隘。正确的做法是，多问与职位相关的问题，比如“这个职位还有其他的要求吗？”“我们这个部门近期的工作目标是什么？”除此之外，还可以针对一些专业的特殊要求来设计这类问题。这样的问题既能反映出你的敬业精神，也能够反映出你的业务水平和思考能力，同时考官们也很乐意回答，这会为你的应聘成功奠定坚实的基础。

六、面试前的心理准备

每一位求职者，都希望在面试的时候留给主考官一个好印象，从而增大录取的可能性。所以，事先了解一些求职特别是面试的礼仪，是求职者迈向成功的第一步。

中国有句古话：“知己知彼，百战不殆。”面试就如同一场试探性的战斗，战斗的双方就是面试单位的主考官和参加面试的你自己。

（一）请介绍一下你自己

回答提示：一般人回答这个问题过于平常，只说姓名、年龄、爱好、工作经验，这些在简历上都有，其实，企业最希望知道的是求职者能否胜任工作，包括：最强的技能、最深入研究的知识领域、个性中最积极的部分、做过的最成功的事、主要的成就等，这些都可以和学习无关，也可以和学习有关，但要突出积极的个性和做事的能力，说得合情合理企业才会相信。企业很重视一个人的礼貌，求职者要尊重考官，在回答每个问题之后都说一句“谢谢”。企业喜欢有礼貌的求职者。

（二）你来这里能干什么？

先要从心理上稳住，别慌乱，别气馁，别急着辩白。态度要不卑不亢，不要一听对方认为你干不了，你就乞求对方。应把这类难题当成进一步申明这个职位适合你的种种条件和理由，即我到这里能干什么工作。既要自信，又要实事求是。应聘前先要把自己的资历与经验和用人单位职位的条件一一分析清楚，列出种种适合的理由，这样在答问时就会慷慨陈词、条理井然了。

（三）你为什么有兴趣到这里找工作?

应聘者听到这类提问时可以推断自己的条件还不错，用人单位可能担心应聘者不安心。所以要态度诚恳地指出有兴趣来此的原因。

（四）你自认为有什么优缺点?

最忌讳的是无所谓的态度，比如："我也没什么优点，也谈不上什么缺点，我这个人嘛，一般就是了!""谁还没个缺点?我有是有，可是一下子也讲不清楚，管它呢!"这种回答，容易给人以玩世不恭的感觉，很难委以重要的职位。自己的优点、长处，缺点、短处都应老老实实地讲，态度越是诚恳、真挚，对方越对你有好感，不一定会减少聘用的机会。回答提示：沉着冷静、条理清楚、立场坚定、顽强向上。

你认为自己有什么缺点?回答提示：这个问题企业问的概率很大，通常不希望听到直接回答的缺点是什么等。如果求职者说自己小心眼、爱忌妒人、非常懒、脾气大、工作效率低，企业肯定不会录用你。企业喜欢求职者从自己的优点说起，中间加一些小缺点，最后再把问题转回到优点上，突出优点的部分。企业喜欢聪明的求职者。

对应聘有利的优点：好学习、肯钻研；脑子好使，记忆力强；办事认真，一丝不苟；有干劲，不惜力；有比较丰富的阅历；喜欢接受挑战性的课题。

对应聘有利的缺点：急脾气；有时主观；不拘小节；抠门儿、吝啬；不顾家。

面试时如何把缺点变优势?

参加招聘面试，最怕考官提些让人"无从下口"的问题，像"你有哪些缺点?"就是典型的面试难题。对这个问题，可以把自己的优点当成缺点来说，这样既解答了难题，又全方位地推销了自己。

一般来讲，对应聘有利的优点有：注重学习、办事认真、容易相处、敢拼敢闯、不轻易认输、以厂为家等。了解了考官的偏好，回答就容易多了，关键看你如何将上述这些优点逐一分解为"缺点"：

（1）我脾气太急，具体表现在：

① 我打心眼里不喜欢磨洋工的人，总想尽快完成工作；

② 遇到干活投机取巧的人，我常常会不给人家面子，大家说我是"太平洋警察"；

③ 工作要是干不好，我就会跟自己过不去，自寻烦恼。

点评：表面上是自责性子急的毛病，其实是在说自己雷厉风行、工作有责任心，老板都喜欢这种员工。

（2）我很固执，有时过于主观，具体表现在：

① 我的观点总跟别人不太一样，而且不喜欢被人牵着鼻子走；

② 犟得像头牛，别人想说服我可不容易，除非能拿出令人信服的证据和事实。

点评：在这里，“固执”是“有主见”的代名词，“主观武断”亦是“果敢有魄力”的变相表达。有这些“缺点”的员工，能不受上司的青睐吗？

（3）我比较粗线条，不拘小节，具体表现在：

① 我做事大方向一般不错，但细节上有点丢三落四，处理不好琐碎的事；

② 不熟悉我的人开始都不太愿意跟我合作，以为我只会指挥不会做事，但熟悉我之后，就会常常向我讨教思路了。

点评：大方向不错，基本上可以算优秀，如果再以“小节”来要求，未免有些太苛刻。这实际上是在暗示对方：我是一个做“头”的料！

（4）我生来胆小、怕羞，没见过大世面，具体表现在：

① 违法乱纪的事我想都不敢想，跟在别人后面参与也不敢；

② 我从没见过什么大领导，人多时应付不了，只能干些具体、细碎的工作；

③ 我比较怕别人说我的坏话，尤其是说我工作做得不好。

点评：对会计、文秘、保管等岗位来说，胆小怕事不是缺点，而是领导信任的基础。用这样的人，领导比较放心。

（5）有人说我抠门儿，用钱太吝啬，具体表现在：

① 我上学时管理班费，同学们说我管钱太死，我知道花的不是自己的钱，却总也改不了；

② 家里经济条件不太宽裕，所以我比较节俭，用钱都按计划来，不轻易打乱计划。

点评：勤俭、用钱有计划的人，常常能得到外企、私企老板的青睐，是担任办公室主任和财务主管的较好人选。

（五）你善于与什么人相处？

应聘者应以亲切、轻松的语气谈论此类话题，给人以通达、开朗、热情的印象。这印象本身就在说明你这个人很好相处。如果你的态度又拘谨又严肃，倒证明你这个人不好相交。

（六）你为什么经常想调动工作？

主试人提出这类可能令你感到难堪、尴尬的问题，其意图有二：一是深入了解你申请新工作的内在动因，是嫌过去的工资低？还是本人能力差、表现不好而让人辞退？还是生性好动，老是这山望着那山高，哪儿都待不住、待不长？等等。而这些恰恰是所有用人单位最讨厌的地方。二是考察该人的工作态度和应变能力。

给面试者的建议：

（1）不要擅自走进面试房间。如果没有人通知，即使前面一个人已经面试结束，应聘者也应该在门外耐心等待；如果面试时间到了，进房间之前应先敲门。

（2）握手要有“感染力”。面试前的握手是一个“重头戏”，因为不少企业把握手作为考察一个应聘者是否专业、自信的依据。如果先前没有太多和别人握手的经验，可以事先练习一下。注意，握手不要有气无力，而要让对方感受到你的热情，要有“感染力”。

（3）递名片要把握时机。如果有名片，在递给面试人员的时候要把握时机。如果你的面试官双手都是你的资料，千万不要急着送上自己的名片，以免显得不成熟；将名片调转

180°递给对方，方便别人阅读。

（4）坐姿也有讲究。有两种坐姿不可取：一是紧贴着椅背坐，二是只坐在椅边。这两种坐姿，一个显得太放松，另一个则太紧张，都不利于面试的进行。建议最好坐满椅子的三分之二，保持轻松自如的姿势。

（5）始终保持用眼神交流。面试一开始就要留心自己的身体语言，特别是自己的眼神，对面试人员应全神贯注，目光始终聚焦在面试人员身上，在不言之中，展现出自信及对对方的尊重。

七、面试后的必备礼仪

（一）感谢对方

面试后，切记寄一封感谢信给面试者。

面试结束并不意味着求职过程就结束了，也不意味着求职者就可以袖手以待聘用通知的到来，有些事你还得干。

为了加深招聘人员对你的印象，增加求职成功的可能性，面试后两天内，你最好给招聘人员打个电话或写封信表示谢意。感谢电话要简短，最好不要超过 3 min。感谢信要简洁，最好不超过一页。感谢信的开头应提及你的姓名及简单情况。然后提及面试时间，并对招聘人员表示感谢。感谢信的中间部分要重申你对该公司、该职位的兴趣，增加些对求职成功有用的事实内容，尽量修正你可能留给招聘人员的不良印象。感谢信的结尾可以表示你对自己的素质能符合公司要求的信心，主动提供更多的材料，或表示能有机会为公司的发展壮大做出贡献。面试后表示感谢是十分重要的，因为这不仅是礼貌之举，也会使主考官在做决定之时对你有印象。

感谢信是所有求职战略的必要工具。但是应该发送电子邮件还是传统信件？是手写信函还是打印信函？这个问题至今仍旧困扰着多数久经沙场的求职者。看看下面的建议，也许对你有所帮助。

1. 发送电子致谢函

应聘公司开始如果是通过电子邮件与你约见，那你面试回来后要立即用 E-mail 发送感谢信。并一定要在后面附上说明你并非不速之客。电子邮件感谢信较之传统的寄信方式，有它鲜明的优势：你可以在面试的当天，有时是在几小时之内，把你的名字再次置于主考官面前。

2. 传统信件

如果你面试的是一家正规的、传统的公司，请用传统寄信方式寄出感谢信。是手写还是打印呢？打出来的信比较标准。你不仅能表示自己喜欢的业务，也能证明你会正确使用称谓、格式和签名。也许为你老板书写信件是你工作的重要组成部分。

如果你想向办公室里那些帮助过你的人致谢，那最好是手写。例如，如果一个接待员、助理、办公室经理或其他与面试有关的人员对你有过帮助——他们带你去吃午餐或在面试时为你引过路，那么，手写的感谢信是表达你谢意的最好方式。

3. 写什么?

一个标准的感谢信应包括如下一些内容：感谢某人为你提供了面试的机会；概括一下面试内容；说明你需要的有关面试主考官的任何信息；最重要的是说明你的技能。在最后一段要写上这个工作因为什么而非常适合你，你过去有过哪些经验。

面试主考官的记忆是短暂的。感谢信是你最后的机会，它能使你显得与其他想得到这个工作的人不一样。

(二) 查询结果

(1) 不要过早打听面试结果。在一般情况下，考官组每天面试结束后，都要进行讨论和投票，然后送人事部门汇总，最后确定录用人选，可能要等 3 ~5 天。求职者在这段时间内一定要耐心等候消息，不要过早打听面试结果。

(2) 一般来说，你如果在面试两周后或在主考官许诺的通知时间到了，还没有收到对方的答复时，就应该写信或打电话给招聘单位或主考官，询问是否已做出了决定。

(三) 做好再次冲刺的思想准备

应聘中不可能个个都是成功者，万一你在竞争中失败了，也不要气馁。这一次失败了，还有下一次，就业机会不止一个，关键是必须总结经验教训，找出失败的原因，并针对这些不足重新做准备，“吃一堑，长一智”，谋求“东山再起”。

思考与练习

1. 以一个求职者的身份，收集择业信息。
2. 招聘现场行为风貌模拟实训。
3. 求职后成功或失败的情景模拟。
4. 进行各种招聘场合行为风貌的训练。

第七章　社交礼仪

第一节　会议礼仪

一、会议组织礼仪

所谓会议，亦称聚会，是指将人们组织起来，在一起研究、讨论有关问题的一种社会活动方式。会议礼仪是会议取得成功的重要保证。

（一）会议准备工作

会议组织工作内容繁杂，组织者必须考虑会议的准备、进行、结束及会后的每个细节，因此，组织者做好准备工作尤其重要。

（1）确定会议时间和内容。和相关领导确认会议时间、会议内容（议程）以及需要特别注意的地方。

（2）通知与会人员。会议时间、内容确定后，通知相关与会人员，千万不要落下任何人，通知到谁都记录在通知簿上。制作通知簿有两点好处，一是可以确定是否有通知遗漏，二是防止后来个别与会人员没来参会，领导误会你没有通知到。

（3）制作会序。根据会议规模和重要程度决定是否要制作会序册。

（4）准备会议材料。如有领导讲话，则需提前与领导沟通，确定讲话内容，准备相关会议文字材料。

（5）确定是否需要新闻报道。根据会议内容及重要程度，确定是否需要新闻宣传报道。如果需要，通知相关新闻报道人员。

（6）制作会议桌牌和签到表。根据与会人员名单，制作会议桌牌，确定座位次序，准备好会议签到表。

（7）准备食宿。若有外地人员参会，需要提前订好宾馆和酒店，并与宾馆和酒店管理人员确定好需要提前备好的东西，如菜单等。

（8）车辆准备。会议当天，要协调好可支配的各种车辆，保证会议顺利举行。

（9）麦克风调试及矿泉水、笔记本、笔等的准备。要提前一天进行麦克风调试，会议当天摆放好水、笔记本、笔，等等。

（二）会议进行阶段的工作

在会议进行阶段，会议的组织者要做的工作大体上可分为三项：

（1）进行例行服务工作。在会场之外，应安排专人迎送、引导、陪同与会人员。对与会的年老体弱者，还须进行重点照顾。此外，必要时还应为与会者安排一定的文体娱乐活动。在会场之内，则应当对与会者有求必应，闻过即改，尽可能地满足其一切正当要求。

（2）精心编写会议简报。举行会期较长的大中型会议，依例应编写会议简报。

（3）认真做好会议记录。凡重要会议，不论是全体大会，还是分组讨论，都要进行必要的会议记录。会议记录，是由专人负责记录会议内容的一种书面材料。会议名称、时间、地点、人员、主持者等，都要记录在内。

（三）会议结束阶段的工作

在会议结束阶段，一般的组织准备工作主要有以下三项：

（1）形成可供传达的会议文件。整理好会议中的文字记录和图片、视频、音频记录，进行备案。

（2）处理有关会议的文件材料。将会议内容要点整理成文，送交有关人士审阅后，打印分发。

（3）为与会者的返程提供方便。

（四）会议纪律

一般而言，与会人员在出席会议时应当严格遵守会议纪律，主要有以下四项内容：① 规范着装；② 严守时间；③ 维护秩序；④ 专心听会。

二、会议主持人礼仪

各种会议的主持人，一般由具有一定职位的人来担任，其礼仪表现对会议能否圆满成功有着重要的影响。

（1）主持人应衣着整洁，大方庄重，精神饱满，切忌不修边幅，邋里邋遢。

（2）走上主席台应步伐稳健有力，行走的速度因会议的性质而定，一般地说，对节奏快、热烈的会议，步频应较慢。

（3）入席后，如果是站立主持，应双腿并拢，腰背挺直。持稿时，右手持稿的底中部，左手五指并拢自然下垂。双手持稿时，应与胸齐高。坐姿主持时，应身体挺直，双臂前伸，两手轻按于桌沿。主持过程中，切忌出现挠头、揉眼、抖腿等不雅动作。

（4）主持人应口齿清楚，思维敏捷，言谈简明扼要。

（5）主持人应根据会议性质调节会议气氛，或庄重，或幽默，或沉稳，或活泼。

（6）主持人对会场上的熟人不能打招呼，更不能寒暄闲谈。在会议开始前或会议休息时间，可点头、微笑致意。

三、参会者礼仪

（一）主席台成员礼仪

会议主席台成员一般为来宾或发言人，其言谈举止必须体现对与会者的尊重，遵照组织者与主持人的安排。一般应提前到达，由组织者安排在休息室；即将开会时，应井然有序地进入主席台按座位卡就座；主持人介绍后，与会者鼓掌欢迎时，应站立鼓掌还礼；在主席台上面对众多与会者，如果交头接耳、心不在焉会引起他人的反感。因此，主席台成员应认真听取他人发言，举止端庄。发言时应礼貌地环视与会者。言语中应尊重组织者、主持人、与会者。如发言中响起掌声，应稍作停顿。

（二）一般与会者礼仪

开会时坐姿端庄，身体挺直，表现出精神饱满的状态，切忌挠头、抖腿等不雅举止。聆听时要专心致志，与发言人保持目光接触，仔细听清对方所说的话。不要私下小声说话或交头接耳，不要三心二意、东张西望，这些都会影响听会的效果，也会影响发言人的心情。聆听的过程更是一个积极思考的过程，要边听边想，敏锐把握发言人话语里的深层含意。只有准确地把握了他人的真实想法后，才能使自己做正确的判断。发言人发言结束时，应鼓掌致意。中途退场应轻手轻脚，不影响他人。

（1）会议参加者应该准时入场，这是路人皆知的。对于隆重场合，如果能比预定时间提前5分钟到达，更能体现效率原则。

（2）在大型会议场合，多数人会表现得非常认真严肃，缺乏幽默感。若过于严肃，可能会在某些时刻影响发言人营造气氛，让人尴尬。因此在听到笑话时，应尽量及时展现你的笑容，表示你享受幽默的乐趣和接受较幽默的表达方式。有时，即使你已听过同样的笑话，仍然可以展开笑容，营造幽默的气氛，表示赞同与鼓励。

（3）在会议中，最好把手机关掉，起码也要调到震动状态。这样既表现出对他人的尊重，也不会打断发言者的思路。

四、升国旗仪式

国旗，是国家的象征，代表国家的尊严。每个公民和组织都应尊重国旗，爱护国旗，维护国旗的尊严。举行升旗仪式，可以增强公民的国家观念，激发爱国主义精神。

1．升旗的场合

根据《关于施行〈中华人民共和国国旗法〉严格中小学升降国旗制度的通知》精神，全国中小学在每周星期一早晨举行升旗仪式。

其他重要场合也应升挂国旗，如重大体育比赛，庆典仪式，重大项目奠基、开工、落成，重大展览会，重要节日等，均应升国旗。

2．升旗的程序

（1）出旗。旗手双手持旗，护旗手在两侧，齐步走向旗台。此时，在场的全体人员要立正站立。

（2）升旗。两名旗手缓缓升旗，同时奏国歌。在场人员行注目礼，军人、少先队员、仪仗队行举手礼。在国歌演奏结束的同时，国旗升到旗杆顶端，在场人员礼毕。

（3）唱国歌。中小学举行升旗仪式时，要在主持人指挥下唱国歌。其他场合的升旗仪式，可以在升旗时唱国歌，也可不唱国歌。

（4）国旗下讲话。中小学校在升旗后，可由校长、教师、先进人物做简短精炼、富有教育意义的讲话。

3. **注意事项**

（1）全场人员在升旗时，要肃立致敬。

（2）升旗时要神态庄严，保持肃静，不要做小动作，更不要走动、说笑。

（3）旗手和护旗手应学好《中华人民共和国国旗法》，并经过严格训练，认真严格地按规定升降国旗。

第二节　餐饮礼仪

现在的社会交往活动中，宴请是最常见的交际活动，在整个社交礼仪中占有非常重要的地位。

一、常见的宴请形式

（一）宴会

所谓宴会，指的是以宴请为形式的一种重要的社交应酬。宴会实际上是一种社交活动。人们都在讲要多交朋友，广结善缘，但如果没有形式，很难有实质性的进展。你想认识别人，你到哪儿认识啊？所以社交需要形式，像宴会、舞会、音乐会、家庭聚会等，都是交际的形式。宴会，实际上吃是形式，交际是内容。

宴会种类复杂，名目繁多。按规格划分，有国宴、正式宴会、便宴、家宴。

（1）国宴。这是国家元首或政府为招待国宾、其他贵宾或在重要节日为招待各界人士而举行的正式宴会。

（2）正式宴会。它一般在三个方面体现正式：第一，人员确定。不仅到场人数有限制，而且哪张桌子坐谁，位次都有讲究，不能乱来。哪一张是主桌，谁坐主桌，主桌谁是主人，谁是主陪，都有讲究。第二，菜单确定。有两个好处，首先表示谨慎郑重，其次是可以抓住重点，集中解决。第三，时间确定。一般情况下，大型的正式宴会往往是晚宴，也有个别情况下是午宴，比如婚宴。一般的商务宴请、社交宴请往往是晚宴。为什么？因为中午大家都在忙事，没时间，所以晚宴相对就可以比较放松，就可以多说两句。

（3）便宴。便宴就比较随便了，比如老同学从外地回来，难得一见，就可以临时找几个亲朋故旧约一个地方，大家吃一顿，规模比较小，菜比较简单，时间也比较短，也不搞菜单，但实际上还是社交。

（4）家宴。家宴就是把客人邀请到家里来吃饭。家宴重在参与，强调气氛的温馨和随和。能把客人请到家里来，说明不见外，有的时候还可以让客人动手参与。

（二）招待会

招待会不备正餐，是一种较为灵活的宴请方式。通常备有食品、酒水、饮料，由客人自取，或坐或站，或与他人一起，或独自一人用餐。一般不排座次，可以自由活动。常见的招待会主要有冷餐会、酒会。

（三）茶会

茶会是一种简便的接待形式，通常安排在下午 4 点或上午 10 点左右。一般在客厅举行，内设茶几、座椅，备有茶、点心或地方风味小吃，请客人一边品尝，一边交谈。茶会对茶叶的品种、沏茶的用水和水温以及茶具都颇有讲究。茶叶的选择要照顾到客人的嗜好和习惯，茶具要选用陶瓷器皿，不要用玻璃杯，也不要用热水瓶代替茶壶。

（四）工作餐

工作餐是现代生活中一种经常采用的非正式宴请形式，是利用进餐的时间和形式，边吃边谈工作。在国外，工作进餐通常实行“AA 制”，由参加者各自付费。

二、宴请的组织礼仪

要使宴请活动井然有序，妥帖圆满，事先的充分准备和过程中的有效控制都是至关重要的。宴会前要做好以下准备工作。

（一）明确宴请对象、目的、范围、形式

1. 对象

首先要明确宴请的对象。要明确主宾的身份、国籍、习俗、爱好等，以便确定宴会的规格、主陪人、餐式等。

2. 目的

宴请的目的是多种多样的，可以是为表示欢迎、欢送、答谢，也可以是为表示庆贺、纪念、节庆聚会、工作交流、会议闭幕，还可以是为某一事件、某一个人，等等。明确了目的，也就便于安排宴会的范围和形式。

3. 范围

宴请哪些人参加，请多少人参加，都应当事先明确。主客双方的身份要对等，主宾如偕夫人，主人一般也应以夫妇名义邀请。哪些人作陪也应认真考虑。

4. 形式

宴会形式要根据规格、对象、目的确定，可确定为正式宴会、冷餐会、酒会、茶会等形式。不同的宴请形式有各自不同的做法。在实际活动中具体选择哪一种形式应根据具体情况决定。

（二）选择时间、地点

时间：不选重大节日、假日或禁忌的时间；先和主宾协商，再发邀请。

地点：环境幽雅，交通方便。

（三）精心制作请柬，认真发送确认邀请

凡是正式宴请，都应该发送请柬或请帖，这既是礼节，也是对被邀请者起提醒与备忘的作用。请柬应注明邀请人姓名、被邀请人姓名、尊贵的称呼、宴请的方式及时间地点、着装要求或提示等。

请柬应提前一至二周发出，以便被邀请人及早安排时间。需要安排座次的宴请必须在请柬上注明要求被邀请人答复能否出席，正式宴会在请柬上注明席次号。

为了表达主人的真诚，也为了减少活动的失误，在宴请的前夕，还应打电话给被邀请者，进行确认，询问请柬是否收到，对方能否出席，等等。如果对方能出席，应向对方表示感谢；如果对方不能前来，也应表示理解。

非正式的宴请通常只需口头打个招呼，在得到对方明确首肯后进行。

（四）拟订菜单和用酒

宴请菜肴的确定也要周密考虑宾客的爱好与禁忌。

菜单：精致可口、赏心悦目、特色突出。

尊重客人饮食习惯、禁忌。

注意冷热、甜咸、色香味搭配。

（五）安排好席位

凡正式的宴会，都应事先为每个赴宴者安排好桌次和位次，并且事先通知到每个人，以便心中有数。有的宴会只安排部分主要宾客的席位，其他人只排桌次或自由就座。

（六）宴会中主人的礼仪

宴会中主人的礼仪主要表现在宴请的程序和服务方面。非正式宴请当然无需讲究什么程序，只要双方能彼此呼应就行。正式宴请包括迎宾、就座、致词、祝酒、用餐、送别等环节。

（1）迎宾。宴会开始前，主人应站在大厅门口迎接客人。对规格高的贵宾，还应组织相关负责人到门口列队欢迎。客人来到后，主人应主动上前握手问好。

（2）引导入席。主人陪主宾进入宴会厅主桌，接待人员引导其他客人入席后，宴会即可开始。

（3）致词、祝酒，宴会正式开始。正式宴会一般都有致词和祝酒，但时间不尽相同。我国习惯是在开宴之前讲话、祝酒、客人致答词。在致词时，全场人员要停止一切活动，聆听讲话，并响应致词人的祝酒，在同桌中间互相碰杯。这时宴会正式开始。

西方国家致词、祝酒习惯安排在热菜之后，甜食之前，至于冷餐会和酒会的致词则更灵活些。

（4）服务。从主宾开始，顺时针方向进行。服务人员侍应，要从主宾开始，有女主宾的，从女主宾开始，没有女主宾的，从男主宾开始，接着是女主人或男主人，由此向顺时针方向进行。规格高的，由两名服务员侍应，一个按顺序进行，另一个从第二主人右侧的第二主宾至男

主宾前一位止。斟酒在客人右侧，上菜在客人左侧。斟酒只需至酒杯三分之二即可。

（5）用餐。融洽气氛，掌握进餐速度。主人应努力使宴会进行得气氛融洽，活泼有趣。要不时地找话题进行交谈。还要注意主宾用餐时的喜好，掌握用餐的速度。

（6）送别。热情相送，感谢光临。

三、赴宴礼仪

（一）应邀：尽早答复

接到邀请后，不论能否赴约，都应尽早做出答复。不能应邀的，要婉言谢绝。接受邀请的，不要随意变动，按时出席。确有意外，不能前去的，要提前解释，并深致歉意。作为主宾不能如约的，更应郑重其事，甚至登门解释、致歉。

（二）修饰仪容、仪表

适当地打扮自己，表示对主人以及参加宴会者的尊重。

（三）掌握到达时间：不早不晚

赴宴不得迟到。迟到是非常失礼的，但也不可去得过早。去早了主人未准备好，难免尴尬，也不得体。提前一二分钟、正点，或迟一二分钟到达是最适宜的。过早或过晚都是失礼的。主人迎来握手，应及时向前响应，并问好，致意。按当地习惯，可送鲜花或花篮。

（四）入席：不要坐错了位置

在服务人员的引导下，按照主人安排的座次入席，不能乱坐座位。入座时，要和其他客人礼让，并从椅子左边入座。坐姿自然端正。

（五）进餐：文明、从容

1. 吃相要文雅

把食物小口小口地送入口中，不要鼓着腮帮子狼吞虎咽。

闭着嘴细嚼慢咽，不要发出“吧嗒吧嗒”的咀嚼声。

汤、菜太热时，不要用嘴去吹，等稍凉后再吃；喝汤时，不要发出“呼噜呼噜”的声音。

有鱼骨、鱼刺之类的杂物需要吐出的，也必须用筷子放在嘴唇间将杂物接送到自己的碟盘中，不能直接吐在桌上。

2. 举止要得体

不要两眼盯着菜只顾吃，要照顾到别的客人，谦让一下。与邻座交谈时，切忌一边嚼食物，一边与人含含糊糊地说话。嘴里有食物时不要说话。

在餐桌上，手势、动作幅度不宜过大，更不能用餐具指点别人。

使用餐具时，动作要轻，不要相互碰撞。

若要咳嗽、打喷嚏，将头转向一边，用手帕捂住口鼻。

用牙签剔牙时，用手或餐巾遮住嘴。就餐时，不得解开纽扣，松开领带。

不要伸懒腰、打哈欠，毫无控制地打饱嗝。

3. 应付餐桌上的意外

自己的餐具掉在地上，可向服务员再取一副。

不小心把酒溅到别人身上，应表示歉意，并递上手帕或餐巾。

失手打翻了酱碟，应向注意到你的人婉言致歉，如“看我真不小心”“看我笨手笨脚的”，不要大声嚷嚷，也不要没完没了地自责。如果喝了一口滚热的汤，难以下咽，不妨吐出来，然后说一两句俏皮话给自己解围，如“这汤太诱人了，我都等不及了”或者“傻瓜才会把这么烫的东西咽下去”。

席间一般关掉手机，或把手机拨到震动挡。离席回电时，应向主人或左右的客人致歉，轻轻拉开坐椅离去。

（六）交谈交际：话题轻松、有趣

边吃边谈是宴会的重要形式，应当主动与同桌人交谈，特别注意同主人方面的人交谈，不要总是和自己熟悉的人谈话。

话题要轻松、高雅、有趣，不要涉及对方敏感、不快的问题，不要对宴会和饭菜妄加评论。

（七）退席：道谢告辞

用餐完毕，等主人示意宴会结束时，客人才能离席。客人应向主人道谢、告别，如“谢谢您的款待”“您真是太好客了”“菜肴丰盛极了”，并向其他客人告别。如果客人有事要提前离席，应向主人及同席的客人致歉。

四、中餐宴会规范

（一）中餐宴会的席位排列

1. 中餐宴会的桌次排列

决定餐桌位次高低的原则是：主桌排定之后，其余餐桌位次的高低以离主桌的远近而定，近者为高，远者为低；平行者以右桌为高，左桌为低。

在正式的宴会厅内安排桌次时，主要有以下几条规矩：

以右为上，即各桌横向并列时，以面对宴会厅正门时为准，右侧的餐桌高于左桌的餐桌。

以远为上，即各桌纵向排列时，以距离宴会厅正门的远近为准，距其愈远，餐桌的桌次越高。

居中为上，即各桌围绕在一起时，居于正中内的那张餐桌应为主桌。

临台为上，即宴会厅内若有专用的讲台时，应当以背靠讲台的餐桌为主桌。若宴会厅内没有专用讲台，有时也可以背靠主要画幅的那张餐桌为主台。

2. 中餐宴会的位次排列

宴请时，每张餐桌上的具体位次也有主次尊卑的分别。排列位次的基本方法有以下四种，它们往往会同时发挥作用。

方法一，主人在主桌面对正门之位就座。所谓“面门为主”，是指在每一张餐桌上，以面对宴会厅正门的正中那个座位为主位，通常应请主人在此就座。若宴会厅无正门，则一般以面对主屏风的正中的那个座位为主位。

方法二，多桌宴请时，每桌都要有一位主人的代表在座。位置一般和主桌主人同向，有时也可以面向主桌主人。所谓“各桌同向”，指在举行大型宴会时，其他各桌的主陪之位均应与主桌主位保持同一方向。

方法三，各桌位次的尊卑，以距离该桌主人的远近而定，以近为上，以远为下。

方法四，各桌距离该桌主人相同的位次，讲究以右为尊。所谓“右高左低”，是指在每张餐桌上，除主位之外，其余座位位次的高低，应以面对宴会厅正门时为准，右侧的位次高于左侧的位次。如果就某一侧的座位而言，距离主位越近，位次越高。一般情况之下，可将主宾排在主人右手，而将主宾夫人排在其左手。主人的夫人则往往被安排在主宾的右侧就座。

另外，每张餐桌上所安排的用餐人数应限在 10 人以内，最好是双数。比如，六人、八人、十人。人数如果过多，不仅不容易照顾，而且也可能坐不下。

根据上面四种位次的排列方法，圆桌位次的具体排列又可以分为以下两种具体情况。它们都和主位有关。

第一种情况：每桌一个主位的排列方法。特点是每桌只有一名主人，主宾在右手就座，每桌只有一个谈话中心。

第二种情况：每桌两个主位的排列方法。特点是主人夫妇在同一桌就座，以男主人为第一主人，女主人为第二主人，主宾和主宾夫人分别在男女主人右侧就座。每桌从客观上形成了两个谈话中心，如图 7-1 所示。

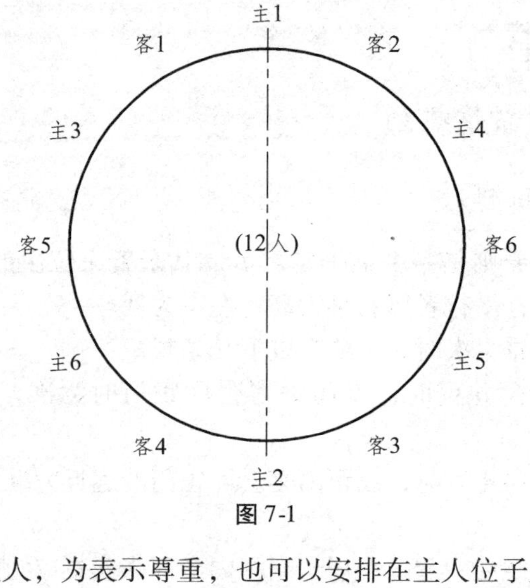

图 7-1

如果主宾身份高于主人，为表示尊重，也可以安排在主人位子上坐，而请主人坐在主宾的位子上。

(二) 上菜顺序与就餐方式

1. 中餐的上菜顺序

标准的中餐，不论是何种风味，上菜的顺序大体相同。通常是冷菜—热菜—主菜—点心和汤—果盘。当冷盘已经吃了2/3时，开始上第一道热菜，一般每桌要安排10个热菜。宴会上桌数再多，各桌也要同时上菜。

2. 就餐方式

就餐方式主要有分餐式、布菜式、公筷式、混餐式。

(三) 餐具及其使用

1. 餐具的摆放

中餐的餐具主要有杯、盘、碗、碟、筷、匙等。在正式宴会上，水杯应放在餐盘上方，酒杯放在右上方。筷子与汤匙放在专用的座上。

2. 餐具的使用

(1) 筷子。

在中国几千年的饮食文化中，用筷子形成了基本的规矩和礼仪，具体如下。

忌敲筷子。在等待就餐时，不能坐在桌边一手拿一根筷子随意敲打或用筷子敲打碗盏或茶杯。忌掷筷。在进餐前发放筷子时，要把筷子一双双理顺，然后轻轻地放在每个餐位前，相距较远时，可请人递交过去，不能随手掷在桌子上，更不能掷在桌下。

每次夹的菜不宜太多；夹菜途中不能滴水不停；不能指点他人。

筷子不能一横一竖交叉摆放。夹菜时，不能把筷子在菜盘里挥来挥去，上下乱翻。遇到别的宾客也来夹菜时，要注意避让，避免“筷子打架”。忌舞筷。用餐过程中进行交谈，不能把筷子当成道具，在餐桌上乱舞，也不要在请别人用菜时，把筷子戳到别人面前。用餐完毕，筷子应整齐地搁在靠碗右边的桌上，并应等众人都放下筷子后，在主人示意散席时方可离座，不可自己用餐完毕，便扔下筷子离席。

为别人夹菜时，要使用公筷；喝羹汤时，要用公勺舀到自己的小碗内。使用完公筷、公勺，要放回原来位置。

(2) 汤匙。用筷子取菜时，可用汤匙加以辅助。注意：用它饮汤时，不要全部放入口中；不要放在桌上或汤碗里。

(3) 碗。不要端起碗进食；碗里食物不可往嘴里倒；暂时不用的碗不可放杂物。

(4) 盘、碟。在餐桌上，盘、碟一般应保持原位不动，不宜将多个叠放在一起。

(5) 水杯。主要用来盛白水、饮料、果汁。不要用来盛酒，不要倒扣水杯。

(6) 餐前湿毛巾。用来擦手，不要用来擦脸、嘴、汗。餐后，用来擦嘴，不要擦脸、汗。

(7) 餐巾。应铺放在并拢的大腿上，不能围在脖子上，或衣领里、腰带上。可用来擦嘴和手，但不能擦餐具或汗。

(8) 水盂。里面的水不能喝，只能用来洗手。

(9) 牙签。尽量不要当众剔牙。如需要，应用一只手掩住嘴。不要长时间用嘴叼着牙签。

3. **用餐要求**

用餐时应注意以下几点：

（1）上菜后，不要先拿筷子，应等主人邀请，主宾动筷子时再拿筷子。取菜时要相互礼让；取菜适量，不要把适合自己口味的菜一人“包干”。

（2）为表示友好、热情，彼此之间可以让菜，让对方品尝，但不要擅自做主为他人布菜；不论对方是否喜欢，主动为其夹菜、添饭，会让人为难。

（3）不要挑菜。不要在共用的菜盘里挑菜、翻来覆去、挑肥拣瘦。取菜时，要看准后夹住立即取走，不能夹起来又放下。

五、西餐宴会规范

（一）西餐宴会的席位排列

1. **排列的规则**

西式宴会的席次排位也是讲究右高左低，同一桌上席位高低以距离主人座位远近而定。如果男、女主人并肩坐于一桌，则男左女右，尊女性坐于右席；如果男、女主人各居一桌，则尊女主人坐于右桌；如果男主人或女主人居于中央之席，面门而坐，则其右方之桌为尊，右手旁的客人为尊；如果男、女主人一桌对坐，则女主之右为首席，男主人之右为次席，女主之左为第三席，男主人之左为第四席，其余位次依序而分。

2. **席位的排列**

（1）长桌的排列（如图 7-2 所示）。

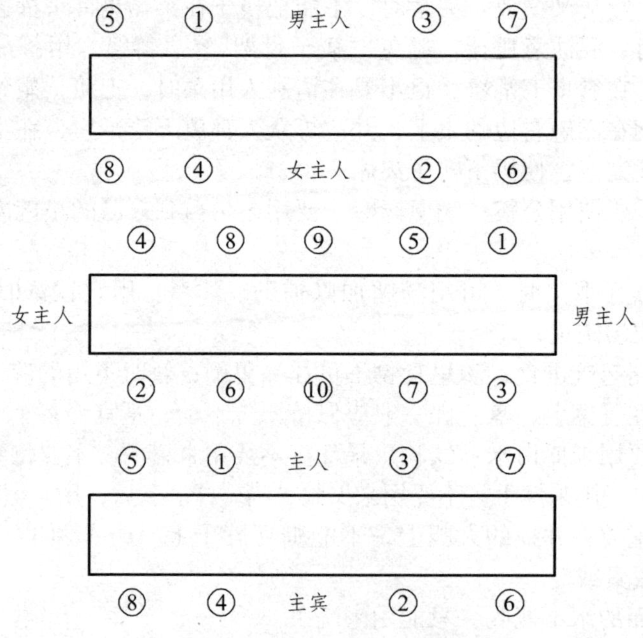

图 7-2

（2）圆桌的排列（如图 7-3 所示）。

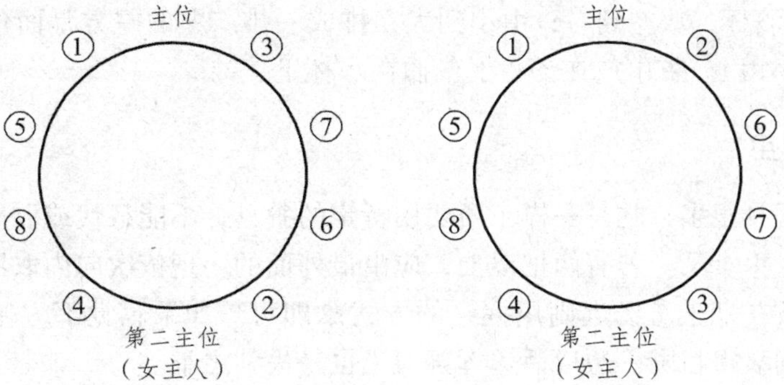

图 7-3

（二）西餐上菜顺序

西餐是吃一道上一道的，正式的全套餐点上菜顺序是：开胃菜—面包—汤—主菜—点心—甜品—水果—热饮。

（1）头盘。西餐的第一道菜是头盘，也称为开胃菜，因为要开胃，所以开胃菜一般都有特色风味，味道以咸和酸为主，而且数量少，质量较高。一般有冷头盘和热头盘之分，常见的品种有鱼子酱、鹅肝酱、熏鲑鱼、鸡尾杯、奶油鸡酥盒、焗蜗牛等。

（2）汤类。西餐的第二道菜就是汤。大致可分为清汤、奶油汤、蔬菜汤和冷汤等 4 类。品种有牛尾清汤、各式奶油汤、海鲜汤、美式蛤蜊汤、意式蔬菜汤、俄式罗宋汤、法式葱头汤。

（3）副菜。鱼类菜肴一般作为西餐的第三道菜，也称为副菜。品种包括各种淡、海水鱼类、贝类及软体动物类。通常水产类菜肴与蛋类、面包类、酥盒菜肴品都称为副菜。因为鱼类等菜肴的肉质鲜嫩，比较容易消化，所以放在肉类菜肴的前面。

（4）主菜。肉、禽类菜肴是西餐的第四道菜，也称为主菜。肉类菜肴的原料取自牛、羊、猪、小牛仔等各个部位的肉，其中最有代表性的是牛肉或牛排。其烹调方法常用烤、煎、铁扒等。禽类菜肴的原料取自鸡。鸭、鹅；禽类菜肴最多的是鸡，可煮、可炸、可烤、可焖，主要的调味汁有咖喱汁、奶油汁等。

（5）蔬菜类菜肴。可以安排在肉类菜肴之后，也可以与肉类菜肴同时上桌，蔬菜类菜肴在西餐中称为沙拉。与主菜同时搭配的沙拉，称为生蔬菜沙拉，一般用生菜、番茄、黄瓜、芦笋等制作。

（6）甜品。西餐的甜品是主菜后食用的，可以算作是第六道菜。从真正意义上讲，它包括所有主菜后的食物，如布丁、冰淇淋、奶酪、水果等等。

（7）咖啡。饮咖啡一般要加糖和淡奶油。

（三）西餐餐具的使用

1. 餐具的摆放

西餐餐具一般在开餐前已在桌上摆好。每人面前是食盘或汤盘。左边放叉，右边放刀

（刀叉数目与菜品数量相当，使用顺序按上菜顺序）。食盘上方放匙（用小匙吃冷饮，大匙喝汤）。再上方为酒杯，从左到右，由小到大，排成一排。匙的左方是面包碟，右方是黄油碟（碟内有专用小刀）。餐巾放在汤盘上或插在水杯里。

2. 餐具的使用

西餐桌上的餐具很多，吃每一样东西要用特定的餐具，不能替代或混用。基本原则是右手持刀或汤匙，左手拿叉。若有两把以上，应由最外面的一把依次向内取用。刀叉的拿法是轻握尾端，食指按在柄上。汤匙则用握笔的方式拿即可。如果感觉不方便，可以换右手拿叉，但更换频繁则显得粗野。边说话边挥舞刀叉也是失礼之举。

（1）刀。刀是用来切割食物的，不要用刀挑起食物往嘴里送。记住：右手拿刀。如果用餐时，有三种不同规格的刀同时出现，正确的用法是：带小小锯齿的那一把用来切肉制食品；中等大小的用来切蔬菜；而那种小巧的、刀尖是圆头的、顶部有些上翘的小刀，则是用来切开小面包，然后用它挑些果酱、奶油涂在面包上面。切割食物时双肘下沉，手肘不要离开桌子。

（2）叉。左手拿叉，叉齿朝下，叉起食物往嘴里送，如果吃面条类软质食品或豌豆叉齿可朝上。动作要轻，捡起适量食物一次性放入口中，不要拖拖拉拉一大块，咬一口再放下，这样很不雅。叉子捡起食物入嘴时，牙齿只碰到食物，不要咬叉，也不要让刀叉在齿上或盘中发出声响。吃体积较大的蔬菜时，可用刀叉来折叠、分切。较软的食物可放在叉子平面上，用刀子整理一下。

（3）勺子。在正式场合下，勺有多种，小的是用于咖啡和甜点心的；扁平的用于涂黄油和分食蛋糕；比较大的，用来喝汤或盛碎小食物；最大的是公用于分食汤的，常见于自助餐。切莫搞错。汤匙和点心匙除了喝汤，吃甜品外，绝不能直接舀取其他主食和菜品；不可以将餐匙插入菜肴当中，更不能让其直立于甜品、汤或咖啡等饮料中。进餐时不可将整个餐匙全部放入口中。

第三节　晚会礼仪

晚会是文艺晚会的简称，是指在晚上所举行的以演出文艺节目为主要内容的群众性活动。由于活动场所一般面积较大，活动人数相对较多，因而其礼仪规范也有着相对特殊的要求。

一、晚会的筹备、组织

（一）确定主题

举办晚会的基本宗旨是寓教于乐，因此，首先，成功的晚会要求演出的节目，不论是从整体还是个别来看，都要有明确的主题、健康的内容，要合法、合乎道德规范，要体现出文明、积极、向上的精神。其次，节目的内容必须生动活泼，轻松快乐。最后，中心突出，组织严密，艺术性强。晚会的常见形式：综艺晚会、营火晚会、赏月晚会、朗诵晚会，联欢晚会等。

（二）精选节目

节目的选定，对于整台晚会能否举办成功起着十分重要的作用。安排节目要注意：

第一，根据晚会的主题，确定晚会举行的时间，编排好演出节目。综合性晚会以 1 ~ 3 h 为宜；节目安排以 5 ~ 10 min 一个，1 h 演 5 ~ 10 个节目为好。在每个节目之间，应留出充分的间隔时间。节目安排的原则是宁缺毋滥、精益求精。

第二，在节目演出的编排顺序上，要注意将不同的风格、不同的节目进行交叉组合，使观众通过观赏丰富的节目，获得美的享受。注意开场白和压轴戏的节目，使晚会的演出效果更加精彩。

第三，印制专门的节目单，发给入场者。节目单通常列有每个节目的具体名称和演员名单等内容。

（三）确定场地

场地通常分为演出场地和观众场地。演出场地又称舞台，一般分为剧场和露天舞台。在演出场地的确定上，应充分考虑其灯光、音响效果，做到既方便演出又便于观看。

（四）座位安排

座位安排一般根据客人的身份而定。观看节目以第七排、第八排为最佳，一般设为贵宾席。专场演出时，通常把贵宾席留给主人和主要来宾。

（五）选定主持人

主持人既是晚会节目的报幕者，也是晚会演出的具体指挥者。主持人水平的高低，以及现场的发挥，在一定程度上关系到晚会能否举办成功。称职的主持人应具备较好的外形条件，口齿清楚、思路敏捷、音色悦耳、富有激情，具有较好的应变能力。

（六）发出邀请

晚会筹备完毕，应向有关来宾发出正式请柬。

二、晚会的参与

演员与观众在晚会上应遵守各自的礼仪规范。

（一）演员礼仪

演员，往往是晚会上万人倾心的明星。不管是专业演员，还是群众演员，一旦登台表演，就要处处自尊自爱，不负演员的光荣称号和广大观众的厚望。

演员在晚会上要做到合乎礼仪，不辱斯文，最重要的是要做到尽心表演，尊重观众，善待同行，服从安排。

1．尽心表演

在晚会上能否尽心尽力地为观众表演，往往与演员的水平关系不大，而主要取决于其道德水准。因此可以这么说，一个演员，特别是专业演员，在晚会上能否尽心表演，实际上直接体现着其道德的水准。真正的好演员，一定要德艺双馨。

演员要尽心表演，关键是要恪尽职守。不管发生了什么变故，都不要临时变卦，拒不到场，或者拒绝登台。临场要挟组织者，以种种借口对其进行刁难，是演员之大忌。

2．发挥正常

在进行演出时，不论条件如何，观众怎样，演员都要尽心竭力，努力发挥出自己的最佳水准，至少也要做到发挥正常。千万不要在表演时自作聪明，偷工减料，敷衍观众，自欺欺人。

3．格调高雅

表演的格调问题，其实体现着演员的精神风貌。就形式与风格而言，演员在进行表演时，是提倡“百花齐放，推陈出新”，勇于探索的。但是，这并不意味着可以肆无忌惮地哗众取宠，或是为了媚俗而不顾人格尊严，使表演庸俗不堪，甚至诲淫诲盗，误人子弟。

4．尊重观众

对于演员来说，观众既是自己的服务对象，又是自己的上帝。演员的演出水平如何，终究是要由观众来进行评判的。而对于观众来说，演员能不能尊重观众，往往比其演技的高低更为重要。因为这不仅仅是其态度问题，而且也是其人品的客观体现。

演员对观众的尊重，不只是靠语言，更要看行动。具体来说，在登场或下台时，要向观众欠身施礼。有可能的话，在开始演出前，要主动向观众问好。

演出完毕后，有观众献花时，要欣然接受，与其握手并道谢。假如观众要求加演时，应登台向其欠身施礼致谢，或是满足其请求。

在演出期间，若是个别观众起哄闹事，切勿与其针锋相对，或是中止表演下台，更不允许毫无理由地拒演。

当全部节目演完之后，全体演员应当登台谢幕，热情洋溢地面对观众鼓掌，或是挥手致意，欢送观众退场。

在演出前后，遇有观众要求签名或合影留念时，一般不应拒绝。碰上观众认出自己，并喊叫自己姓名时，应面含微笑，向其点头或挥手致意。

5．善待同行

在进行晚会节目演出时，妥善地处理自己与其他演员之间的关系，是每个演员须注意的一大问题。处理与其他演员的相互关系时，重要的是要相互支持，积极合作，并且以齐心协力办好晚会为首要目的。

对待晚会节目的具体安排，要认真服从，认真遵守，不要为了争抢最佳的出场次序，而与其他演员互不相让。

需要配合其他演员的演出，或是为其提供方便时，要尽力而为，不讲条件，不要时时“我”字当头，只想当“红花”，不愿做“绿叶”。

倘若晚会要对演出节目进行评比，要尊重公论。既不要搞小动作，百般诋毁竞争对手，也不要把评比结果看得过重，从而忘记了演员表演的目的在于愉己悦人。

（二）观众礼仪

观众在观看晚会演出时，不仅有尽情欣赏节目的权利，而且也有严守礼仪规范的义务。观众所要遵守的礼仪规范，主要涉及准时入场、按号入座、专心观看、支持演员、照顾同伴、依次退场等几个方面。

1. 提前入场

提前进入演出场地，是每位观众必须自觉遵守的最重要的礼仪规范之一。

一般情况下，在演出正式开始之前的一刻钟左右，观众即应进入演出场所。之所以要求观众在出席晚会时提前进场，主要是基于两个方面的考虑：其一，是为观众自身着想；其二，是为了维护演出秩序。

说提前入场是为观众自身着想，是因为这样一来，观众便有比较充足的时间，去会合亲友，领取节目单，存放衣帽，稍事休息，找寻座位，熟悉环境。

提前入场也是为了维护秩序。如果演出开始后，仍有迟到的观众络绎不绝地入场，既会影响其他观众，也是对演员的不尊重。大凡正规的晚会演出铃声响过之后，便不再准许迟到的观众进场。只有在中场休息时，他们才会获准入场。

2. 按号入座

凡参加要求凭票入场、对号就座的晚会，观众均应自觉配合组织者的工作，持票排队入场，并且凭票按号入座。

通常观众不仅要提前入场，而且还要提前就座。如果时间充裕的话，至少要提前 5 分钟在属于自己的座位上就座。

在找寻自己的座位时，若有领导者在场，最好请其带路或予以指点。若必须“自助”时，则最好从左侧向前行进，逐排寻找。千万不要为了找“捷径”而踩、跨座椅。

走向自己的座位，如果需要从其他已经落座的人士面前通过时，不要不发一言，横冲直撞过去。正确的做法是，应当先向对方说一声“对不起”，随后面向对方侧身通过，尽量不要碰撞对方的身体。万一碰撞了对方，须立即致歉。

如自己的座位上已有他人在座，应出示自己的门票，并说明座位应当归自己，请对方让开。必要时，可请领位员或工作人员处理此事。自己无论如何都不要与对方“大动干戈”，争争抢抢。

在自己座位上就座时，要做到悄无声息，坐姿优雅。切勿将座椅弄得直响，或是坐得东倒西歪，前仰后合，甚至将脚乱伸、乱跷、乱踏。

从原则上讲，座位即为观众的“岗位”。观众一旦在自己的座位上就座，就不宜再进进出出，乱调、乱占其他空位，更不允许观众在走道上、舞台上或乐池里就座。有特殊原因需要换座位的，不要强人所难。

若晚会不要求对号就座或没有座椅可坐，也要切记，自己观看节目的方位一经确定，便要“一成不变”了。

3．专心观看

观看节目的演出，是每一位观众参加晚会的目的之所在。在观看演出时，观众的最佳表现是：专心致志，全神贯注，既不妨碍演员的表现，也不影响其他观众的观看。要符合上述要求，尤其要注意以下几点：

（1）不要交头接耳。在观看演出时，与同伴窃窃私语，或是对演出大声评论，是最不自觉的表演。

（2）不进行通讯联络。一旦进入演出现场，即应自觉关闭自己的手机、寻呼机或使处于“静音”状态，千万不要任其喧嚣不止，更不要在观看节目的同时大打电话。

（3）不进食吸烟。观看演出时，最好别吃东西，尤其是不要吃带壳的食物，也不要喝带易拉罐的饮料，因为它们都可能会成为噪声之源。另外，须自觉禁烟。

（4）不要心不在焉。在演出期间，不要睡觉、看报、听音乐、干私活，或是对别的观众注意过多。

（5）不随便走动。当演出开始之后，乱走乱动是非常惹人讨厌的。

（6）不影响他人。在观看演出时，不要戴帽子，或坐得过高。不要在一个座位上挤两个人，或是挤占属于其他观众的座位。不要随意拍照，乱用闪光灯，或是任意进行摄像。

4．支持演员

在观看演出时，观众对演员表示尊重友好的最好方法，就是要用自己的实际行动去支持演员，鼓励演员。

当演员登台表演或演完退场时，观众应当热情、友善地对演员鼓掌，以示欢迎或者感谢。

当演员的表演异彩纷呈，或是完成了高难度的演出动作，观众可在适当之时，为之热烈欢呼，并且鼓掌致贺。但是这些做法，应以不妨碍或打断演员的演出为宜。

由于水平各异、发挥不同，有些演员的表演可能欠佳，还有一些演员则有可能在演出之中出现失误。对此，观众应予以谅解。不要动不动便对自己不喜爱的演员或不喜欢的节目鼓倒掌、吹口哨、扔东西、乱骂人、哄赶人。其实，在演员出现闪失时，观众若能视若不见，或是对其后的表演一如既往地认真观赏，才是对演员最好的支持。

碰上自己喜欢的演员，可以鼓掌要求其加演节目，但要适可而止，切勿累垮演员，或打乱演出。

演出结束，演员登台谢幕时，全体观众应一致起立鼓掌，再次感谢演员的表演，不要熟视无睹，扬长而去。

5．依次退场

在观看演出期间，一般不允许提前退场。

在演出结束，观众退场时，应当依次而行，井然有序。不要争道抢行，制造混乱。

除以上五条观众礼仪规范外，有些晚会，尤其是涉外晚会，对观众的着装会有所限制。一般而言，不允许观众的穿着过分自由、随意、散漫，而要求其着装庄重、大方、时尚。对于这种规定，观众亦应遵行不殆。

第四节　舞会礼仪

舞会又叫交际舞会，亦称交谊舞会，是一种世界性的群众活动。它既是一种被广泛采用的社交活动形式，也是一种健康有益的文体活动形式。随着改革开放的深入，人们对舞会的认识也发生了很大变化。

跳舞有益于身体健康。舞会上，听着动人的音乐，跳着优美的舞步，使人很快消除紧张工作后的疲劳，给人以艺术享受。交际舞与其他舞蹈不同，抒情而不轻薄，热烈而不狂暴，浓淡相宜，陶冶情操，是一种既文雅、庄重又热情、欢快的具有美育作用的活动。

经常参加舞会，可以克服胆怯、腼腆及与异性交往时紧张等心理问题，消除社交恐惧症；可以使老朋友更加融洽，更可以结识新朋友。经常跳舞，可以健康体魄，矫正体形；可以使人心情舒畅，精力充沛，心胸开朗，乐观向上。经常参加舞会，可以使人提高道德品质水准，养成良好的气质风度。

一、舞会的组织

（一）舞会上舞曲的选择

舞会上应注意舞曲的选择，因为舞曲适当，跳舞者就会得到美的享受。一段优美的旋律能使人心旷神怡，一曲美好的乐曲又能使人富于联想，欢快的节奏会使人情不自禁地随曲手舞足蹈等。舞曲对舞会的作用是非常重要的，舞会舞曲的选择是举办舞会好与不好的关键性问题。如果选择不好，就会使舞会冷场，影响舞会中的气氛。在舞曲的选择上，开场曲宜用慢速度节拍的舞曲，让参加跳舞的人们身心有所准备和调节。当然，也有快节拍舞曲开场的，人们称之为前奏曲或开场曲，这是为了烘托舞会开始跳舞前的气氛和情绪。在舞会过程中，最好用快、慢、中速节拍乐曲交叉进行。一曲快节拍乐曲奏完后，接一曲慢或中速节拍的舞曲，这样交叉进行具有起伏性，让跳舞者感到时而缓缓如流水行云，时而快速如生命的火焰，以达到娱乐欢快的气氛效果，同时，也使跳舞者有相对休息的时间。音乐的起伏还能增强跳舞者的情绪，达到视觉和听觉的审美统一。

舞会中不同的舞种都要求配以不同的舞曲，现介绍一般的舞曲音乐的节奏，供舞会组织者在选择上掌握。舞曲音乐的节奏，大体可分为可跳三步舞的3/4拍的曲调，可跳四步舞的2/4拍和4/4拍的曲调。选择上切忌选用那些单一的音乐曲调，单一的独奏、重奏或协奏、交响曲之类的音乐来做舞会舞曲。舞会一般是选用节拍固定、乐曲方整、节奏感强、便于使跳舞者踏上节拍的乐曲来伴舞。目前，市面上有售专门伴舞的舞曲音乐，可供组织舞会者选择。但是，舞曲的时间都不够长，一般一首曲子只有二至三分钟的时间。所以，选用时还必须重新复制、加长才能使用。一般一首舞曲的时间长短，以五至六分钟为好。如时间过长，使跳舞者身体负荷过大，容易产生疲劳，不利于身心健康；而时间过短，让跳舞者刚起舞兴，曲子即完，使人感到扫兴。所以，舞会中舞曲的选择和舞曲时间的长短都必须注意。在组织举办、舞会时，舞曲的选择和其时间的长短适当，都将给舞会增加气氛，使跳舞者得到美的享受。

舞会是对外交往中高雅而又重要的交际联谊活动，一般以两小时为宜，通常安排在晚上8点至10点，舞曲要快慢交错，时间长度与规定要求大体相称，尾曲用《友谊地久天长》，使来宾知道舞会结束。组织舞会要确保男女性别相当，配备一定的礼宾、接待、安保人员和演奏、灯光、音响、服务人员及伴舞者。男士应主动请女士共舞，女士可以婉拒，但男士不得拒绝。同性不宜共舞。一般来说，只能请一位异性跳一支舞曲。一曲终了，全体跳舞者须在原地立定，面向乐队鼓掌致谢后，方可离去。

（二）舞会场地的选择

（1）场地宽敞，严格控制舞场跳舞者的容量。一人不得低于1.5 m^2 活动场地。场内座位齐备，有专人负责管理。

（2）保持场内空气清新，环境卫生。

（3）幻灯光明亮。舞场灯光每平方米不得低于5 W亮度。

（4）音响不得过大。舞厅音响声级应限制在90 dB以下。

（5）应备安全的用于临时停电的照明设备。建筑物、楼梯、通道和出入口，必须符合安全规则，消防、卫生设施要符合要求。

（6）切忌在违建、失修的房屋中举办舞会。对参加舞会的人员，要讲究礼貌，注意仪容，端正舞风，不得穿背心、短裤、拖鞋和饮酒后进入舞厅，不得跳贴面、贴身舞。

（三）舞会管理人员的要求

（1）认真执勤，大胆管理。

（2）服装整洁，佩戴标志。

（3）说话和气，待人热情。见面讲欢迎，分手说再见。管理时，“请”字当先。

（4）耐心向来宾宣传舞场管理规定，认真解答对方提出的问题。

（5）执勤者不参与跳舞。

（6）及时解决纠纷，不让矛盾扩大，不把矛盾推出场外。

（7）如有重大问题及事故应及时向上级或有关部门汇报。

二、参加舞会者礼仪

（一）舞会着装要求

总体来说，参加舞会服装要整洁、大方，仪表要修饰。女子可以化淡妆，穿得漂亮些。男子也应适当讲究，一般穿西服，显得大方、文雅。头发要梳整齐。检查一下口腔、身上，确保无蒜味、酒气，洒些香水是相宜的。下面分参加家庭舞会和隆重的大型舞会两种情况介绍。

（1）如果是亲朋好友在家里举办的小型生日 PARTY 等活动，要选择与舞会的氛围协调一致的服装。女士最好穿便于舞动的裙装或穿旗袍，搭配色彩协调的高跟皮鞋。男士一定要头发干净，衣着整洁。一般的舞会可以穿深色西装，如果是夏季，可以穿淡色的衬衣，打领带，最好穿长袖衬衣。

（2）如果应邀参加的是大型正规的舞会，或者有外宾参加，这时的请柬会注明：请穿着礼服。接到这样的请柬，一定要提早做准备。

女士的礼服：在正式的场合要穿晚礼服。晚礼服源自法国，法语是“袒胸露背”的意思。有条件经常参加盛大晚会的女士应该准备晚礼服，偶尔用一次的可以向婚纱店租借。近年也有穿旗袍改良的晚礼服，既有中国的民族特色，又端庄典雅，适合中国女性的气质。

小手袋是晚礼服的必需配饰。手袋的装饰作用非常重要，缎子或丝绸做的小手袋必不可少。

晚礼服一定要佩戴首饰。露肤的晚礼服一定要佩戴成套的首饰：项链、耳环、手镯。晚礼服是盛装，因此，最好要佩戴贵重的珠宝首饰。在灯光的照耀下，首饰的光闪会为你增添光彩。

男士的礼服：一般是黑色的燕尾服，黑色的漆皮鞋。正式的场合也需戴白色的手套。男士的头发一定要清洁。要保持口腔卫生，最好用口腔清新剂。

（二）进入舞场

进入舞场后，要先坐下来，观察一下全场情况，适应一下气氛。没有带舞伴的，更应当坐下来，慢慢地寻找合适的伴舞对象，最好邀请没有带舞伴的人，如果有熟悉的人伴舞当然更好。国外正式的舞会，第一个舞曲，都是由高位开始，主人夫妇、主宾夫妇首先共舞，第二场主宾夫妇交换共舞，第三场才开始自由邀舞。

（三）邀舞

一般都是男子邀请女子共舞。邀人跳舞时应彬彬有礼，姿态端庄。走至女方面前，微笑点头，以右手掌心向上往舞池示意，并说：“可以和你跳个舞吗?”或“可以吗?”对方同意后即可共同步入舞池。如果对方婉言谢绝，也不必介意，更不应勉强。这样男子亦不会难堪，反显得更有修养，会受到女子的尊重。相反，男子如果说“不舒服还不回去休息”，会搞得双方都很不愉快。

女士被人邀舞，一般不应拒绝，因为这是别人对自己的尊重。确实不想跳时，应当有礼貌地婉言谢绝：“对不起，我想休息一下。”对方走后，一曲未终不应再与别人共舞。

如何邀请舞伴？舞曲奏响以后，男士要大方地走到女士面前邀请，如果女士的家人同在，则应先向女士的亲属点头致意。征得他们的同意后，走到女士面前立正，微欠身致意说：“小姐，可以请您跳舞吗？”有时还要向陪伴女士的男士征求说：“先生，我可以请这位小姐共舞吗?”得到允许后，再与女士走进舞池共舞。

同性不宜共舞。根据国际惯例，两位男士共舞等于宣告他们不愿意邀请在场的任何一位女性，无形中表明他们是同性恋关系。两位女士也应尽量不共舞，尤其是在有外宾的情况下以及在国外的舞会上，我们要注意这一点。

当女方主动时。一般情况下，女士是不用主动邀请男士的，但特殊情况下，需要请长者或者贵宾时，则可以不失身份地表达：“先生，请您赏光。”或者：“我能有幸请您吗?”

两位男士同时发出邀请时。从国际礼仪的角度考虑，不难解决，女士面对两位或者两位以上的邀请者，最能顾全他们面子的做法是全部委婉地谢绝。要是两位男士一前一后走过来邀请，则可以“先来后到”为顺序，接受先到者的邀请，同时诚恳地对后面的人说：“很抱歉，下一次吧。”并要尽量兑现自己的承诺。

总和一个人跳吗？依照正规的讲究，结伴而来的一对男女，只要一同跳第一支舞曲就可以了。从第二支曲子开始，大家应该有意识地交换舞伴，认识更多的朋友。

不要轻易拒绝邀请。舞会是通过跳舞交友、会友的场合，所以在舞会上女士不能轻易拒绝他人的邀请。女士可以拒绝个别“感觉不佳”的男士的邀请，但要注意分寸和礼貌用语，要委婉地表达。

男士的绅士风度。在舞会上最能体现一个人的绅士风度。跳舞中要保持一定的距离，左手轻扶舞伴的后腰（略高于腰部），右手轻托舞伴的左掌，尤其在旋转的时候，男士一定要舞步稳健，动作协调，同舞伴一起享受华尔兹的优美。曲中如果女士身体不适，男士一定要做好“护花使者”，将其护送回原位。在一支曲子结束后，要礼貌地将女士送回原座位，道谢后，再去邀请另一位女士。

（四）进入舞池

进入舞池后，就可跟随舞曲曲式和节奏起舞。姿态要端正，身体要正直、平稳，切勿轻浮，但也不要过分严肃，双方眼睛自然平视，目光从对方右上方穿过。不可面面相向，不要摇摆身体，不要凸肚凹腰，不要把头伸到对方肩上。一般男舞伴的右手搭在女舞伴脊椎位置，不要揽过脊椎，高低可以根据双方身材而定。男子高的，可以揽得高一些，注意这时要把左手搭得低一些，甚至搭在大臂中下部。千万不要把女舞伴右臂架起来，既不雅观也不舒适。男子右手不要揽得过紧，以力量大小变化来领舞，切莫按得太紧太死，甚至把女方的衣服揪起，搞得很不雅观。

跳舞中间，踩住对方的脚了，要说一声：“对不起，踩着你了。”旋转的方向应是逆时针行进，这才不致碰到别人。碰到别人了，要道歉，或微微点一下头致歉。

（五）一曲终了及场中休息

一曲终了，男子要对女舞伴致意，可以说：“你的华尔兹跳得真好。”“你的动作反应快，和你跳舞很轻松，谢谢。”并把女舞伴送回原来的位置。

休息时，不要抽烟、乱扔果皮，不要大声喧哗，不要在场内来回走动，不要拉住朋友长谈不止。

（六）来去的时间要求

无论是参加朋友的私人舞会，还是正式的大型舞会，遵守时间是首要的礼仪，要准时到达。至于什么时间离开舞会较为合适，朋友的私人舞会最好要坚持到舞会结束后再离去，也是对朋友的支持。至于其他的舞会，只要不是只跳一支曲子显得应酬的色彩过浓就可以了。

出席舞会，在时间上不像出席会议那样有整齐划一的要求，相对来说比较自由灵活，允许晚去一会儿，也可以中途退场等，这些都应当视为正常现象。

第五节　庆典仪式礼仪

一、开业仪式

开业仪式，是指在单位创建、开业，项目完工、落成，某一建筑物正式启用，或是某项工程正式开始之际，为了表示庆贺或纪念，而按照一定的程序所隆重举行的专门的仪式。有时，开业仪式亦称作开业典礼。

开业仪式在商界一直颇受人们的青睐。究其原因，是因为通过它可以因势利导，对于商家自身事业的发展裨益良多。一般认为，举行开业仪式，至少可以起到下述五个方面的作用：第一，它有助于塑造出本单位的良好形象，提高自己的知名度与美誉度；第二，它有助于扩大本单位的社会影响，吸引社会各界的重视与关注；第三，它有助于将本单位的建立或成就“广而告之”，借以为自己招徕顾客；第四，它有助于让支持过自己的社会各界人士与自己一同分享成功的喜悦，进而为日后的进一步合作奠定良好的基础；第五，它有助于增强本单位全体员工的自豪感与责任心，从而为自己创造出一个良好的开端，或是开创一个新的起点。

开业的礼仪，一般指的是在开业仪式筹备与活动的具体过程中所应当遵从的礼仪惯例。通常，它包括两项基本内容：其一，是开业仪式的筹备；其二，是开业仪式的过程。

开业仪式尽管进行的时间极其短暂，但要营造出现场的热烈气氛，取得彻底的成功，却绝非一桩易事。由于它牵涉面甚广，影响面巨大，不能不对其进行认真的筹备。筹备工作认真、充分与否，往往决定着一次开业仪式能否真正取得成功。主办单位对于此点，务必要给予高度重视。

筹备开业仪式，首先在指导思想上要遵循“热烈”“节俭”与“缜密”三原则。所谓“热烈”，是指要想方设法在开业仪式的进行过程中营造出一种欢快、喜庆、隆重而令人激动的氛围，而不应令其过于沉闷、乏味。有一位曾在商界叱咤风云多年的人士说过：“开业仪式理应删繁就简，但却不可以缺少热烈、隆重。与其平平淡淡、草草了事，或是偃旗息鼓、灰溜溜地走上一个过场，反倒不如索性将其略去不搞。”

所谓“节俭”，是要求主办单位勤俭持家，在举办开业仪式以及为其进行筹备工作的整个过程中，在经费的支出方面量力而行，节制、俭省。反对铺张浪费。该花的钱要花，不该花的钱千万不要白白浪费。

所谓“缜密”，则是指主办单位在筹备开业仪式之时，既要遵行礼仪惯例，又要具体情况具体分析，认真策划，注重细节，分工负责，一丝不苟。力求周密、细致，严防百密一疏，临场出错。

具体而论，筹备开业仪式时，对于舆论宣传、来宾约请、场地布置、接待服务、礼品馈赠、程序拟定等六个方面的工作，尤其需要事先做好认真安排。

（1）要做好舆论宣传工作。既然举办开业仪式的主旨在于塑造本单位的良好形象，那么就要对其进行必不可少的舆论宣传，以吸引社会各界对自己的注意，争取社会公众对自己的认可和接受。为此，要做的常规工作有：一是选择有效的大众传播媒介，进行集中性的广告宣传，其内容多为开业仪式举行的日期、开业仪式举行的地点、开业之际对顾客的优惠、开业单位的经营特色，等等；二是邀请有关的大众传播界人士在开业仪式举行之时到场进行采访、报道，以便对本单位进行进一步的正面宣传。

（2）要做好来宾约请工作。开业仪式影响的大小，实际上往往取决于来宾身份的高低与人数的多少。在力所能及的条件下，要力争多邀请一些来宾参加开业仪式。地方领导、上级主管部门与地方职能管理部门的领导、合作单位与同行单位的领导、社会团体的负责人、社会贤达、媒体人员等，都是邀请时应予优先考虑的重点。为慎重起见，用以邀请来宾的请柬应认真书写，并应装入精美的信封，由专人提前送达对方手中，以便对方早做安排。

（3）要做好场地布置工作。开业仪式多在开业现场举行，其场地可以是正门之外的广场，也可以是正门之内的大厅。按惯例，举行开业仪式时宾主一律站立，故一般不布置主席台或座椅。为显示隆重与敬客，可在来宾尤其是贵宾站立之处铺设红色地毯，并在场地四周悬挂横幅、标语、气球、彩带、宫灯。此外，还应当在醒目之处摆放来宾赠送的花篮、牌匾。来宾的签到簿、本单位的宣传材料、待客的饮料等，亦须提前备好。对于音响、照明设备，以及开业仪式举行之时所需使用的用具、设备，必须事先认真检查、调试，以防其在使用时出现差错。

（4）要做好接待服务工作。在举行开业仪式的现场，一定要有专人负责来宾的接待服务工作。除了要求本单位的全体员工都要以主人翁的身份热情待客，有求必应，主动相助之外，更重要的是分工负责，各司其职，各尽其责。在接待贵宾时，需由本单位主要负责人亲自出面。在接待其他来宾时，则可由本单位的礼仪小姐负责此事。若来宾驾车前来，须为来宾准备好专用的停车场、休息室，并应为其安排饮食。

（5）要做好礼品馈赠工作。举行开业仪式时赠予来宾的礼品，一般属于宣传性传播媒介的范畴。若能选择得当，必定会产生良好的效果。根据常规，向来宾赠送的礼品，应具有如下三大特征：其一，宣传性。可选用本单位的产品，也可在礼品及其包装上印有本单位的企业标志、广告用语、产品图案、开业日期，等等。其二，荣誉性。要使之具有一定的纪念意义，并且使拥有者对其珍惜、重视，并为之感到光荣和自豪。其三，独特性。它应当与众不同，具有本单位的鲜明特色，使人一目了然，并且过目不忘。

（6）要做好程序拟定工作。从总体上来看，开业仪式大都由开场、过程、结局三大基本程序所构成。开场，即奏乐，邀请来宾就位，宣布仪式正式开始，介绍主要来宾。过程，是开业仪式的核心内容，它通常包括本单位负责人讲话，来宾代表致词，启动某项开业标志，等等。结局则包括开业仪式结束后，宾主一起进行现场参观、联欢、座谈等。它是开业仪式必不可少的尾声。为使开业仪式顺利进行，在筹备之时，必须认真草拟个体的程序，并选定好称职的仪式主持人。

总之，开业典礼要做的往往不限于喜庆、欢乐，而要考虑典礼以外的东西，将开业典礼纳入企业形象宣传、营销管理的全局进行思考，这样，开业典礼必能为企业的顺利发展吹响第一声号角！

二、剪彩仪式

剪彩仪式在许多领域都适用，常见的有庆贺新组织成立、大型建筑物落成、道路通车、桥梁竣工等。

（一）剪彩仪式的准备

剪彩仪式可以单独举行，也可以在庆典中进行，是整个庆典仪式的高潮。剪彩仪式的准备工作与前面介绍的庆典仪式的准备工作相类似，如舆论宣传、拟定人员、请柬发送、现场布置等，但剪彩仪式也有自己特殊的准备工作，应缜密细致地提前做好。

1. 剪彩物件的准备

（1）红（彩）色的缎带、绸带，应具有一定的宽度，根据需要结成等距离的若干彩球。为节约起见，不必选用整幅的长带，一般使用约两米的红带与彩球连接而成。有的单位用质地较好的彩纸取代，效果也很好。

（2）剪刀应选用新的。为显示隆重热烈，讲究的单位选用金色的剪刀。但要注意事先应试一试刀口是否锋利。剪彩时一刀两断将寓意着吉祥顺利、一帆风顺。要避免剪彩现场出现差错。

（3）托盘和剪刀、彩球的数量应与剪彩的人数相一致。托盘供接剪下的彩球之用，应该华贵而醒目、大小适中、质地考究。每个盘中放置新剪刀一把，白色薄纱手套一副，用红绒布衬垫，使用时由礼仪小姐双手托上递送给剪彩者。

2. 剪彩人员的确定

剪彩人员主要在应邀的来宾中产生，其身份和影响应与剪彩仪式的内容和规格相统一，一般为上级领导、部门主管、社会名流以及专家顾问、合作伙伴和本单位代表，视情况确定一人或多人参与剪彩。剪彩人员确定后，对本单位以外的剪彩人员，必须由本单位负责的同志亲自出面或委派代表前往邀请，只打个电话或发个请柬显得过于草率。现场剪彩人员如果不止一位，应在邀请时向被邀请人员讲清。征得几位剪彩人员同意共同剪彩时，这些人员才能被正式确定下来。

3. 礼仪小姐的选定

礼仪小姐是剪彩仪式中负责引领宾客、拉牵彩带、递剪接彩等工作的服务人员，在仪式中担任着重要角色。礼仪小姐既可从礼仪公司中聘请，或向社会招募，也可以在本单位女职工中挑选，条件一般是容貌姣好、仪态端庄大方，还要有一定的文化素养和气质、比较年轻和健康等。对挑选出的礼仪小姐，应该进行必要的教育和培训，让大家懂得剪彩仪式的意义和自己的责任，熟悉剪彩仪式的程序和应有的礼节，落实各自的分工和位置，以确保仪式有条不紊地进行。

（二）剪彩仪式的程序

在庆典中的剪彩仪式，只是整个庆典的一个组成部分。如果是单独举办剪彩仪式，一般应有以下程序。

1. 嘉宾入场

剪彩仪式开始前五分钟，嘉宾便应在礼仪小姐的引领下集体入场。一般来说，嘉宾中的剪彩者应前排就座，座位上应事先放好席卡，中央级的来宾只写“首长”，其他人可直接写姓名。

2. 仪式开始

由举办单位主要负责人宣布仪式开始，奏乐、鸣炮（有的地方禁鸣，则可免鸣炮），然后介绍到场的嘉宾，对他们的到来表示感谢。

3. 宾主讲话

由主办单位代表、上级主管部门代表、合作单位代表以及社会知名人士先后发言。讲话内容应具介绍性、鼓励性、祝贺性，做到短小精悍、言简意赅。

4. 进行剪彩

礼仪小姐在欢乐的乐曲声中登场，引领剪彩者按主办单位的安排站立在确定的位置，这时拉彩者拉起红绸及彩球。在剪彩者剪断红绸、彩球落盘时，全体人员热烈地鼓掌。

5. 后续活动

剪彩过程结束，主办单位可安排文艺演出、参观、联谊、座谈、签名、题词、就餐等后续活动，具体做法可因剪彩内容而定。最后可以向来宾赠送一些纪念性礼品，热情欢送他们的离去。

（三）剪彩仪式的礼仪

剪彩仪式中，剪彩者和仪式上的礼仪小姐是最突出的人物，剪彩仪式的礼仪也主要通过他们表现出来。因此对他们的礼仪要求尤其重要。

1. 对剪彩者的礼仪要求

剪彩者是剪彩仪式的主角，由于他们身份特殊，更易于为人们和媒体关注。他们在仪式上的举止行为，要特别注意做到符合礼仪规范。第一，修饰自己的仪表着装。剪彩者的仪表要庄重、整齐，着装要正规、严肃。着中山装、西装或职业制服均可，以剪彩内容的需要而选定。头发要梳理，颜面要洁净，给人以容光焕发、干净利落的好印象。第二，注意剪彩中的举止行为。剪彩者在仪式全程中，应始终保持稳重的姿态、洒脱的风度和优雅的举止。起身剪彩时，应面带微笑地稳步走向待剪的彩带，从礼仪小姐的托盘中自取剪刀，并向礼仪小姐及两边的拉彩带者微笑示意，然后严肃认真地将彩带一刀剪断。如果剪彩者不止一人，还应当兼顾各位，彼此尽量同时开剪。剪完后，将剪刀放回托盘，并举手向人们致意或鼓掌庆祝。第三，尊重主办单位，尽力配合仪式进程。剪彩者一定要按照约定的时间提前来到仪式现场，应当理解此时主办单位盼望嘉宾到位的心情。到现场后，可与主办单位或其他先到一步的嘉宾交流谈心，不宜独坐一隅。仪式开始后，则应专心听取别人发言，关注仪式进展程序，不宜喋喋不休地与人谈笑。剪彩归来回位之前，应先和主办单位的代表握手致贺，礼节性地谈几句，或与他们在一起长时间地鼓掌。在后续活动中，也应善始善终，听从主办单位的安排。切忌因自己单位大或自己地位高而指手画脚、自以为是，令主办单位为难。

2. 对礼仪小姐的礼仪要求

剪彩仪式上，通常都有礼仪小姐参加，她们承担着装点仪式、具体参与仪式的服务等重任，在仪式上虽说是配角，但却体现着举办单位的形象和员工的素质，礼仪在她们身上显得尤其重要。

首先是仪容要高雅。剪彩仪式上的礼仪小姐，多数情况下统一身着中华民族传统的礼仪服装——旗袍（也有穿西式套装的），脚穿黑色高跟皮鞋，化上淡妆，盘起头发，面带微笑，步履轻盈。要争取一举一动、一颦一笑，都能给人以美的感受，做到典雅大方、光彩照人。其次是举止行为要规范。在仪式进行中，礼仪小姐应训练有素，走有走姿，站有站相，整齐有序，动作一致。尤其应注意做到的是，始终保持应有的微笑，这一点最重要，又最不容易做好，主办单位必须加以强调。如果仪式在进行中有点小意外（比如剪了几次，仍未能剪断彩带）发生，礼仪小姐应平静地处理，不可手忙脚乱、大呼小叫，以确保仪式顺利进行。最后是工作责任心要强。礼仪小姐在剪彩仪式中，应以规范的举止在服务中展示本单位的形象和风采，她们应当意识到，自己在仪式上的一点点粗心大意都会给来宾留下深刻的印象，给本单位带来损失。所以礼仪小姐的工作需要有坚强的自控力和高度的责任心。如果在仪式进行中，礼仪小姐却不知去向或丢三落四或毫无表情等，势必破坏剪彩仪式的热烈气氛，影响仪式的最终效果。

三、揭幕仪式

揭幕仪式是有关单位，为纪念碑、雕像落成或揭牌、揭匾而隆重举行的礼仪式程序。

（一）揭幕仪式的准备

揭幕仪式准备工作中的舆论宣传、邀请来宾、发送请柬、礼仪人员培训和物质准备、现场布置等与开业典礼基本相同。但在物质准备方面和现场布置方面，要定纪念碑名、牌、匾名，制作纪念碑、牌、匾。揭幕仪式现场，要事先用红缎把幕布罩上，揭幕者在揭幕时拉开。

（二）揭幕仪式的程序

揭幕仪式的程序与开典仪式、剪彩仪式相同。

揭幕也是一种荣誉，通常由上级负责人、社会名流、本单位的员工代表或消费者代表来操作。

为了使揭幕活动顺利进行，要注意有礼仪人员引导和配合揭幕者揭幕。

第六节　婚丧祝寿礼仪

一、婚礼礼仪

结婚是每个人一生中的大事，是人生的转折点。现代婚礼有家庭婚礼、集体婚礼、旅游婚礼等。婚礼的形式不一，喜庆的气氛和欢乐的场面最为重要。

（一）婚礼前的准备工作

双方要根据意愿选择一个最佳日期举行婚礼，并制订周密的结婚计划。在计划中包括邀请人数、被邀请者名单、举办婚礼的地点、婚礼的规格、结婚请柬的制发、婚礼中所需的物品、结婚仪式的安排等。然后，要给亲朋好友发请柬，并选定一些亲朋好友担任婚礼的招待员，负责婚礼操办的前后工作。

（二）婚礼程序

婚礼程序为：奏乐；司仪、证婚人、介绍人及男女来宾入席；新娘新郎入席；证婚人宣读证婚书；新郎新娘行结婚礼；致词；新郎新娘向来宾行礼；退席；茶点；喜宴。

（三）参加婚礼的礼节

1．收到邀请喜帖后要马上做出回应

收到喜帖邀请函后，要马上打电话或是回函给对方，别忘了要先说声“恭喜”，然后再告知出席与否，好让对方能掌握正确的出席人数。

2．祝贺的礼金袋上要写上祝贺的话

结婚对一个人来说可是人生大事，所以红包袋一定要隆重喜庆，并且千万别忘了写上祝福的话。

3．礼金

礼金金额视情况决定，而且要偶数。偶数象征着双双对对的祝福。忌4（死）等与当地语言中不吉利的字词谐音的数字。礼金的纸钞最好是新的。

4．着装

参加婚宴时，服装要穿得喜庆亮丽些。红色是最讨喜的颜色，柔嫩的粉色系也是不错的选择，尽量穿着喜庆亮丽的服装出席，但锋芒千万不可超过新娘。尽量避免穿白色套装，因为那一天新娘会穿白婚纱礼服，白色代表新娘；若是穿深色，最好佩戴小饰品来点缀，以免太过沉重。

穿着普通服装时：① 尽量穿套装或是洋装，休闲味不要太重；② 短裙、及膝裙或长裙各有不同的风格，都是出席婚礼的最佳服装；③ 鞋子、皮包要和衣服的格调相配，最好是同色系。

5. 常用的祝福贺语

（1）新婚。

天地之合　心心相印　永结同心　百年好合
永沐爱河　佳偶天成　百年偕老　花好月圆
珠联璧合　天缘巧合　美满良缘　郎才女貌
同德同心　情投意合　天赐良缘　白头偕老

（2）订婚。

缔结良缘　缘定三生　成家之始　鸳鸯璧合
文定吉祥　姻缘相配　白首成约　喜订鸳鸯
誓约同心　终身之盟　盟订良缘　许订终身

6. 喜宴当天应注意的事项

（1）提前半小时到达。出席喜宴要提前半小时到达，而且要整理一下仪容，不要匆匆忙忙地赶到，不然很没礼貌。在接待柜前先将礼金袋交给接待人员，并签名祝贺。

如果有事会迟到或早退的话，要事先通知对方。迟到时不要自行进入会场，最好让招待人员领你进去。若要早退，最好等来宾都致词完毕后再走。离开时不需要再跟新郎、新娘打招呼，但要跟坐同桌的两侧人打招呼。

（2）在接待柜前，先说些祝贺的话。

① 先对新人的亲戚道贺，报上姓名，并要说谢谢他们的招待。

② 递上礼袋，正面朝上递给对方，此时顺便说些祝福的话。

③ 在签名簿上签名，如果夫妻一起出席，要先写先生的名字。

（3）认真聆听致词。喜宴开始后至敬酒前这段时间是媒人和来宾致词。要安静聆听致词，不可喧闹。

入座时要先跟邻席的人打招呼。如果跟你同桌的人都是陌生人，你也要表现出愉悦的心情。就座前先对同桌的人自我介绍一番，才不会显得尴尬，但也不要让自己太出风头。

致词结束时要记得拍手。边听演说边用餐，但要记住最初和最后一定要放下餐具鼓掌。如果同桌有人上台演讲的话，尽量不要用餐，专心聆听。

7. 紧急情况的应对

Q：突然无法出席怎么办？

A：本来说好要出席，但因临时有事不能出席，要马上告知对方，让对方知道你无法出席。也可以找代理人出席，代理人最好是双方都认识的朋友，礼金就请代理人代送。

Q：不出席也要送礼金？

A：就算不出席喜宴，也要送礼金。在典礼举行前直接送给对方或邮寄给对方，光送礼袋很失礼，要记得在上面写些祝贺的话。

Q：突然被邀请上台致词怎么办？

A：这是喜宴场合，所以不能推辞。首先向新人及双方家人致贺，说声“恭喜”，接着自我介绍，说些祝福新人的好话，2~3 分钟即可。

Q：婚礼结束后才知道对方结婚了怎么办？

A：虽然没有被邀请出席，但知道朋友结婚的事实，首先要打电话致贺。送礼物或礼金都可，但刚新婚可能很忙，等婚礼过后 1~2 周再送也可以。

（四）戒指的戴法

右手小指：不谈恋爱。

右手无名指：热恋中。

右手中指：名花有主。

右手食指：单身贵族。

左手小指：不婚族。

左手无名指：结婚。

左手中指：订婚。

左手食指：未婚。

大拇指：权势、自信。

二、丧礼

人是作为社会的一分子而生活在群体之中的。因此，一个人的死亡绝不仅仅是他个人的事，它对原有的社会关系和社会结构都会产生影响，对于活着的人同样会产生重大影响。因而奉行一定的丧葬仪式便具有非常重要的价值，生与死同样璀璨绚烂而又庄重严肃。

（一）吊丧的必要性

失去亲人的悲哀，是人世间最大的苦难。人们总希望此时能得到他人的帮助。所以，在获悉亲朋好友家有丧事时，应主动去表示关心，前往吊丧，帮助安排丧葬事宜。这对死者家属来说，是最大的安慰和帮助。

（二）吊丧的一般礼仪方式

1. 参加死者的追悼会或向遗体告别仪式

在履行仪式的时候，表情要严肃、悲哀，切忌漫不经心，甚至谈笑风生。参加追悼会时，服装打扮以淡雅为宜。

2. 到死者家中安慰其亲属

劝慰亲属节哀顺变、保重身体。有时还应该给予必要的资助。对死者家属的帮助，也是对死者的悼念方式。谈吐要得体，感情要真挚，让死者家属真正得到精神慰藉，化悲痛为力量。

3. **向死者家属发唁电**

由于自己远在他乡，其中有特殊原因未能赶回参加死者葬礼，不能给死者家属当面慰问时，可用唁电的方式吊丧。在唁电中要表示自己沉痛哀悼的心情，并以真情劝导家属尽快从悲痛中走出来，恢复正常生活。

三、祝寿礼仪

祝寿其实是庆贺生日。在给长辈祝寿时，“礼数”稍多一些。给同辈朋友过生日，则不必拘于形式，送礼品最容易。给长辈祝寿，除了衣服要讲究之外，还必须带有一份含有健康长寿意义的物品，如设计精美的蛋糕，或有纪念意义的贺卡。

（1）家庭祝寿重在礼仪，不重吃喝。为老人祝寿时，主要是使老人开心，家庭成员必须参加。平时大家工作繁忙，很难服侍在老人身边，趁祝寿的机会，可以向老人表示自己的祝福。老人看到子孙满堂，势必心满意足，其乐融融。

（2）参加老人的祝寿活动，要衣着整洁、举止大方、彬彬有礼，多说吉利的语言，如福如东海，寿比南山。为了表示祝寿的诚意，一般还带上祝寿的礼品、礼金，以正规的方式交给老人，向老人表示祝贺。

（3）身在异地他乡，不能前去祝寿，可以特意用贺电、贺信的方式，向老人祝寿，或托人带上贺寿礼，以表示自己的孝心。

思考与练习

1. 在庆典仪式礼仪中，如何做到让客人高兴而来，满意而归？
2. 在宴请中，怎样使客人享受周到圆满的服务？

第八章　接待礼仪

第一节　接待概述

一、接待的概念

接待是指个人或单位以主人的身份招待有关人员，以达到某种目的的社会交往方式。

接待和拜访一样，可以起到增进联系、提高工作效率、交流感情、沟通信息的作用，是个人和单位经常运用的社会交往方式。

二、接待的类型

按照不同的标准划分，接待有不同的类型。一般来说，有如下方面：

（1）以接待对象为标准划分，可分为：① 公务接待，是为完成上下级单位或平行机关之间的公务活动而进行的接待；② 商务接待，是针对一定的商务目的而进行的接待活动；③ 上访接待，是指政府部门对上访群众的接待；④ 朋友接待，是指朋友之间为增进友谊、加强联系而进行的接待。

（2）以接待场所为标准划分，可分为：① 室内接待，是指机关团体的工作人员在自己的办公室、接待室对各种来访者的接待；② 室外接待，是指对来访者到达时的迎接、逗留期间的陪访及送行时的接待。

虽然接待的类型不同，但是其讲究的礼仪、遵循的原则应大致相同。

三、接待的原则

无论是单位还是个人在接待来访者时，都希望客人能乘兴而来，满意而归。为达到这一目的，在接待过程中一定要遵循平等、热情、礼貌、友善的原则。

在社会交往活动中，不论单位大小、级别高低，不论朋友远近、地位异同，都应一视同仁、以礼相待、热情友善。这样才能赢得来访者的尊敬和爱戴，达到沟通信息、交流感情、广交朋友的目的。如果在接待中不遵循接待原则，就无法很好地沟通和建立联系，甚至会影响到双方的关系和合作。

四、接待规格

接待规格，指的是接待工作的具体标准。它不仅事关接待工作的档次，而且被认为与对来宾的重视程度直接相关。

接待规格基本体现为以下三点：第一是接待费用支出的多少；第二是级别问题，根据接待主要人员的身份确定级别；第三是接待规模的大小。

（一）接待规格的确定方法

在具体运作上，接待规格的确定有五种方法可循：① 可参照国家的明文规定；② 可执行常规做法；③ 可采取目前通行的方式；④ 对等的常规做法；⑤ 可学习他方成功的先例。

无论采用何种接待规格，在操作中要注意确定以下因素：① 确定主宾身份（年龄、习俗、宗教、政治倾向等）。② 确认菜单，最好请客人确定，避免犯忌。在正式宴会时最好置菜单于客人面前。

（二）接待费用

从总体上讲，接待工作的方方面面均受制于接待费用的多少。在接待工作的具体开销上，务必要勤俭持家，严格遵守上级有关部门的规定。要坚决压缩一切不必要的接待开支，提倡少花钱，多办事。某些需要接待对象负担费用或需要宾主双方共同负担费用的接待项目，接待方必须先期告知接待对象，或与对方进行协商，切勿单方面做主。

（三）接待规格中的级别问题

1. 对等接待

对等接待是指陪同人员与客人的职务、级别等身份大体一致的接待。这在接待工作是最常见的。一般来讲来的客人是什么级别，本单位也应派什么级别的同志陪同。

2. 高规格接待

高规格接待是指陪客比来客职务高的接待。做出这类接待安排主要出于以下几种情况的考虑：一是上级领导机关派工作人员来检查工作情况，传达口头指示；二是平行机关派工作人员来商谈重要事宜；三是下级机关有重要事情请示；四是知名人物来访谈或是先进人物来作报告。总的来说，之所以要高规格接待是由于重要的事情和重要的人物须有关负责人直接出面。

3. 低规格接待

低规格接待是指陪客比来客职务低的接待。上级领导来研究、视察工作，来客目的是参观学习等，这些情况可作低规格接待处理。但在这种接待中要特别注意热情、礼貌，而且要审慎用之。

第二节　礼宾次序

礼宾次序，又称礼宾序列，它所指的是在同一时间或同一地点接待来自不同国家、不同地区、不同团体、不同单位、不同部门、不同身份的多方来宾时，接待方应依照一定的惯例和规则，以约定俗成的方式，对其尊卑、先后顺序或位次所进行的具体排列。

次序，虽然形式上只是一个先后问题，但在内容上却是一个既关系到公务人员的礼仪素质、社会组织的修养、形象，又关系到是否能给予礼宾适当的礼遇、是否准确地表现礼宾身份的大问题。

一、常见的礼宾次序

常见的礼宾次序有两大类：一类是旨在明确区分参与者的高低、上下、长幼等方面的关系，以便给高者、上者、长者以尊重和礼遇，表现主人的谦谦风度；另一类是为了显示所有参与者在权利地位上是一律平等的。具体应按哪一类排定次序，应根据具体情况酌定。

（一）不对等关系，排序有规则

有些公关活动，如一些庆典、纪念等活动中的主席台座次，以及行走、坐车的前后左右等，是必须明确按照地位的高低、职位的上下、关系的亲疏、年龄的长幼以及实力的强弱来排列的。

1. 主席台位次的一般规则

就前后排关系而言，前排就座者为尊、为大、为高、为强，第二排次之，第三排更次，以此类推。

就同一排的关系而言，中者为尊、为大，两侧次之。

就两侧同位者而言，右者为大、为长、为尊，左者为小、为次、为偏。

在政务礼仪中，中国的习惯是以左为上，国际惯例是以右为上。在主次位置排列上，我们国家大多数是沿用国际惯例，在照相和主席台排位时有时用中国习惯操作。

尊位、高位的具体确立标准应是根据活动目的、内容以及主人的价值取向和客观需要等来决定的。

例如，政治、行政活动可能以职位为标准；经济活动可能以实力为依据；纪念性活动可能以长幼来判断，等等。

团队接待客人怎么排？按先团长，然后再职务高低的顺序。这是国际惯例。

如果有原职领导和现职领导怎么排？原职比照现职但低于现职；如果有多位原职领导，则按任职时间先后次序排列。

特别提示：无论使用哪种顺序，都要公示。

2. 行走、就座、乘车等方面的次序规范

在接待过程中，还应适当注意行走、就座、乘车等方面的一些次序规范。

（1）就走路、入座而言：

两人并行，右者为大；两人前后行，前者为尊。

三人并行，中者为尊，右边次之，左边更次；三人前后行，前者为尊。

三人并坐，中者为大，右边次之，左边更次。

室内围坐时，面对门口的中间位置为尊；上楼梯时，前者为尊。

下楼梯时，特别是楼梯较陡时，尊者在一人之后。

乘电梯时，应让客人、长者、女士先上。一般来说，进入电梯后，面向电梯门，左边靠里的位置可以看作尊位，但这点并不是很严格。

（2）就乘小轿车而言：

如由驾驶员开车，按汽车前进方向，后排右座为尊位，中座次之，左侧更次，前排司机旁最次。司机旁的位置一般是助手、接待或陪同人员坐的。

当轿车有三排座时，最后一排是上座，中间一座次之，前排最次。这个礼仪规范在西方非常普及，正流行于中国的都市。它的产生可能主要起于安全的原因，因为大多数车祸或遭袭击时，首先受伤害的是坐在前排的人。

如果是主人亲自驾车，则主人旁边的位置是尊位。

如果接待两位贵宾，主人或接待人员应先拉开后排右边的车门，让尊者先上；再迅速地从车的尾部绕到车的另一侧打开左边的车门，让另一位客人从左边上车；只开一侧车门让一人先钻进去的做法是失礼的。

当然，个别情况也可以例外。例如，为了让宾客顺路看清本地的一些名胜风景，也可以说明原因后，请客人坐在左侧，但同时还是应向客人表示歉意。

【案例】有一德国专家到日本工作，常往返于东京、大阪之间，几周后他发现，他每次的座位的窗口都朝着日本的圣山——富士山。这件事令那位德国专家激动不已。

需要强调的一点是，即使是为了让客人欣赏风景，也不要让客人坐司机旁的位置，尤其是接待外宾时更应注意这一点，否则会弄巧成拙、事与愿违。

如果陪客人、外宾参观访问，应提前 10 min 到达。参观过程中，陪同人员应走在宾客的右前方，并超前两三步，时时注意引导，遇进出门户、拐弯或上下楼梯时，伸手示意。参观结束后，应将客人送至宾馆，然后告别。

（二）关系若对等，排列有方法

如果礼仪活动的双方或多方关系是对等的，则可参考以下三种排列方法。

（1）按汉字的笔顺排列。

如果是国内的礼仪活动，参与者的姓名或所在单位名称是汉字的，可以采用这种方法，以示各方关系平等。具体排法如下：

首先，按个人姓名或组织名称的第一个字的笔画多少，依次按由少到多的次序排列。比如，当参加者有丁姓、李姓、胡姓时，其排列顺序就是丁、李、胡。

当两者第一字的笔画数相等时，按第一笔的笔顺点、横、竖、撇、捺、弯勾的先后关系排列。例如，参加者中有张、李二姓时，两姓笔画相同，则根据笔顺，李姓应排在张姓前面。

当第一笔相同时，可依第二笔，以此类推。

当第一个字完全相同时，则用第二个字进行排列，以此类推。

此外，如果姓名出现前两个字相同，但一个是单名，一个是双名时，无论笔画多少，单名都排在双名前。

（2）按字母顺序排列。

在涉外活动中，则一般应将参加者的组织或个人按英文或其他语言的字母顺序排列。具体方法如下：先按第一个字母进行排列，当第一个字母相同时，则依第二个字母的先后顺序排列；当第二个字母相同时，则依第三个字母的先后顺序，以此类推。需要注意的是，每次只能选一种语种的字母顺序排列，不能在中间穿插其他语种的字母顺序。

（3）按先来后到顺序排列。

非正式交往场合，可按报到早晚顺序排列（各种例会、招商会、展示会），还可以不排序。

二、接待中的引导姿势

手势是人们交际时不可缺少的体态语言。手势美是动态美，要能够恰当地运用手势来表达真情实意。含蓄、彬彬有礼、优雅自如的手势，定会使交际形象增辉。

在接待中，有可能要给对方指示方向或引导就座位置，规范而优美的引导姿势就很重要了。正确做法是：掌心向上，四指并拢，大拇指张开，以肘关节为轴，前臂自然上抬伸直。上体稍向前倾，面带微笑，自己的眼睛看着目标方向并兼顾对方是否会意到目标。

第三节 迎客送客

一、迎客的准备

“礼尚往来”是一种古老的传统美德。既然有拜访，就应有接待。拜访要讲究礼仪，接待当然也要讲究礼仪。就接待的准备而言，应注意全面考虑，周到安排。

（1）接待日程。接待日程，即接待来宾的具体日期安排。其基本内容应包括迎送、会见、谈判、参观、游览、宴请等。在一般情况下，接待日程的具体安排应完整周全，疏密有致。它的制定，通常由接待方负责，但亦须宾主双方先期有所沟通，并对来宾一方的要求充分予以考虑。接待日程一旦最后确定，应立即通知来宾。

（2）场所。接待场所即我们通常所说的会客室。在客人到达前要根据具体情况，把会客室精心收拾一番，比如先打扫卫生，再适当准备一些香烟、水果、饮料、茶具，摆放一些鲜花，等等。如果是商业或其他公务会谈，还应准备一些文具用品和可能用上的相关资料，以便使用和查询。总之，会客室的布置应本着整洁、美观、方便的原则。

（3）接站。来访者到来之前，要了解客人是乘坐什么交通工具而来。如果是带车来访，那么就在自家门口做好准备即可；如果是乘汽车、火车、飞机、轮船而来，就应做好接站的准备。接站时如单位有车，可带车前往车站、码头或机场候客，同时还要准备一块接客牌，上面写上“迎接×××代表团”或“迎接×××同志”或“×接待处”等字样。迎接时要举起接客牌，以便客人辨认。妥善做好这些工作，能给客人以热情、周到的感觉，不至于因环境不熟、交通不便给客人带来困难和麻烦。

门口接待是最有礼貌的，这样会令谈判和沟通非常容易。如果坐在自己房间里，由你的秘书把客人带进来，这样很容易使谈判破裂。

（4）安排食宿。首先要了解客人的生活习惯；其次要尽力而为，不铺张浪费。

（5）接待者的服饰仪表。美的仪表是美的心灵的体现，也是对社会和他人的尊重。如果一个人的服饰不符合一定场合的要求，就会引起误会。接待者对自己的服饰、仪表要做恰当的准备，不可随随便便。特别是夏季更应注意，不要穿背心、裤头、拖鞋接待客人。古今中外，人们都把主人仪表是否整洁同是否尊重客人直接联系起来。

（6）欢迎词。欢迎词是迎接客人时使用的问候语言，一般情况下不需作出书面准备，可以说“欢迎您的到来”“欢迎您指导工作”“欢迎光临”之类的话。对于一些隆重的接待，则要准备一些简短的书面欢迎词。另外，一般在重要的公务接待中，还要准备一些欢迎标语，以示对来访者的尊敬。

【案例】 有一次，著名美籍舞蹈家孟××来上海参加国际艺术节，应邀来到金沙江大酒店，参加开张仪式并表演节目。当他第一次到达大酒店时，站在门厅的迎宾服务员立刻向他微笑致意，说：“您好！欢迎您光临我们的酒店”。第二次孟先生来酒店时，服务员已经认出他来了，边行礼边热情地说：“孟先生，欢迎您再次光临，我们经理已有安排，请上楼”。随即陪同孟先生一起上楼。时隔数日，当孟先生第三次踏入酒店大厅时，那位服务员脱口说出：“欢迎您三次光临，我们酒店感到十分荣幸”。事后，孟先生对酒店负责人说：“贵店的服务员很不错，不呆板、不机械，你们的服务水平很高！”

这个案例告诉我们，无论对初到顾客，还是多次光临的客人，每次见面的第一句话，都要热情礼貌。

（7）交通工具。出于方便来宾的考虑，对其往来、停留期间所使用的交通工具，接待方亦须予以必要的协助。需要接待方为来宾联络交通工具时，应尽力而为；需要接待方为来宾提供交通工具时，应努力满足；当来宾自备交通工具时，应提供一切所能提供的便利。

（8）安保与宣传。接待重要来宾时，安全保卫与宣传报道两项具体工作通常也应列入计划之内。就安全保卫工作而言，一定要“谨小慎微”。不但需要制定预案，思想上高度重视，而且还需要注重细节，从严要求。就宣传报道而言，则应注意统一口径，掌握分寸，并报经上级有关部门批准。有关的图文报道资料，一般应向接待对象提供，并应自己存档备案。

二、待客礼仪

良好的待客之礼，体现出主人的热情和殷勤。它既使客人感到亲切、自然、有面子，也会使自己显得有礼、有情、有光彩。

（一）会面

“出迎三步，身送七步”，这是我国迎送客人的传统礼仪。接待客人的礼仪要从平凡的举止中自然地流露出来，这样才能显示出主人的真诚。客人在约定的时间按时到达，主人应提前去迎接。如果是在家中接待朋友，最好是夫妇一同出门迎接客人的到来。见到客人，主人应热情地打招呼，主动伸出手相握，以示欢迎，同时要说“您路上辛苦了”“欢迎光临”“您好”等寒暄语。如客人提有重物，应主动接过来，但不要帮着拿客人的手提包或公文包。对长者或身体不太好的客人，应上前搀扶，以示关心。

（二）让座与介绍

如果是长者、上级或平辈，应请其坐上座；如果是晚辈或下属，则请随便坐。如果客人是第一次来访，应该介绍一下，并互致问候。

（三）敬茶

在待客中，为客人敬茶是待客的重要内容。待客坐定，应尽量在客人视线之内把茶杯洗净。即使是平时备用的洁净茶杯，也要再用开水烫洗一下，使客人觉得你很注意讲卫生，避免因茶杯不洁而不愿饮用的尴尬局面。

茶杯要轻放，不要莽撞，以免茶水泼洒出来，端茶也是应注意的礼节，应双手给客人端茶。对有杯耳的杯子，通常是用一只手抓住杯耳，另一只手托住杯底，把茶水送给客人，随之说声“请您用茶”或“请喝茶”。切忌用五指捏住杯口边缘往客人面前送，这样敬茶既不卫生，也不礼貌。

不要直接用手取茶叶，斟茶动作要轻，要缓。同时不要一次性斟得太满，而且斟茶应适时，客人谈兴正浓时，莫频频斟茶。客人停留时间较长时，茶水过淡，要重新添加茶叶冲泡。重泡时最好用同一种茶叶，不要随意更换品种。

对来访客人，无论职位高低、是否熟悉，都应一视同仁，热情相迎，亲切招呼。如接待现场有家人、亲朋好友或同事，也应一一给予介绍，以表现出友好的气氛。如果客人突然造访，也要尽快整理一下房间、办公室或书桌，并对客人表示歉意。也许有些来访者并不是主人所欢迎的对象，但就礼仪或美德而言，来者都是客，主人不能根据自己的好恶而下逐客令，而必须采取一些合乎礼貌的做法。否则，不仅对方怨恨，自己也会丢失道义和身份。

（四）接待中的谈话

谈话是待客过程中的一项重要内容，是关系到接待是否成功的重要一环。

首先，接待谈话用语应该因人而异，区别对待。

如果是国内来宾，应该使用规范语言，即普通话。语言规范与否，与你的形象以及你所在单位的形象有密切关系。

【案例】 在某城市，一家号称阿达集团的公司，迎来了一批参观访问者，这些参观访问人员是一批海外华人，他们此行是来了解情况，做投资准备。为此，公司做好了一切准备，为接待人员量身定做了华丽的服装，以显示公司实力。可是他们忽略了语言的培训，这些接待人员操着不同的方言和来访人员交谈。最后，竟然没有一家公司看好和信任该公司。

分析：在接待中的语言语音问题，不单是个人问题，还关乎公司形象，反映公司水平和实力。这家公司的失败原因之一就在于这点。接待人员操着本地方言接待客人，既是对客人的不尊重，也给人留下不好的印象。

其次，谈话要紧扣主题。

拜访者和接待者双方的会谈是有目的的，因此谈话要围绕主题，不要偏离主题。如果是陪访，或者朋友之间的交流，要找双方都感兴趣的话题，不要只谈自己的事情或自己关心的问题，不顾对方是否愿听或冷落对方。

再次，要注意谈话的态度和语气。谈话时要尊重他人，不要恶语伤人，不要强词夺理，语气要温和适中，不要以势压人。

会谈还要注意认真倾听别人讲话，不要东张西望地表现出不耐烦的表情，应适时地以点头或微笑做出反应，不要随便插话。要等别人谈完后再谈自己的看法和观点，不可只听不谈，否则，也是对别人不尊重的一种表现。要注意坐姿。不要频繁看表、打呵欠，以免对方误解。

三、送客礼仪

送客是接待的最后一个环节，如果处理不好，将影响到整个接待工作的效果。送客礼节，重在送出一份友情。

（一）婉言相留

无论是接待什么样的客人，当客人准备告辞时，一般应婉言相留，这虽是客套辞令，但也必不可少。客人告辞时，在客人起身后再起身。如果是家里接待客人，最好叫家中成员一起送客出门。分手时应充满热情地招呼客人“慢走”“走好”“再见”“欢迎再来”“常联系”等。

（二）送客有道

可将客人送至车站、机场或者大厅。应在客人的身影完全消失后再返回。否则，当客人走完一段路再回头致意时，发现主人已经不在，心里会有些不是滋味。另外，在家里或者办公室送客时，送毕返身进屋后，应将房门轻轻关上，不要使其发出声响。那种在客人刚出门的时候就“砰”地关门的做法是极不礼貌的，并且很有可能因此而“砰”掉客人来访期间培养起来的所有情感。到车站、码头或机场送客时，不要表现得心神不宁，以使客人误解在催他赶快离开。送客到机场，最好等客人通过安检后再返回。因为也许有些物品不让带上飞机而需要你保管。

思考与练习

1. 在接待工作中，别人想到的我们要想到，别人没有想到的，我们也应该想到。
2. 在接待工作中，应如何尊重、满足客人的喜好？

第九章　办公室礼仪

第一节　办公室个人和环境的修饰

一、个人工作好习惯

礼仪规范，乃公司立业之基；员工立德修行，乃个人人生之本；日积月累，就会造就个人与公司的大发展。每个人前进一小步，公司前进一大步。所以，公司要求员工“行有礼，动有仪”，注重道德修养。

（1）员工上班必须穿戴整齐，如有工作服，上班时间需穿着工作服、佩戴工作牌。

（2）员工上班一律不得穿拖鞋，鞋子应保持清洁，不能穿带钉子的鞋，以免发出比较高的声音影响他人工作。

（3）员工工作时不宜穿大衣或过分臃肿的衣服。夏天男员工不许在办公场所穿背心短裤，女员工不能穿吊带裙。在办公场所，员工的臂膀是不能外露的。

（4）女员工保持服装淡雅得体，不得过分华丽露体，不准穿奇装艳服。

（5）头发保持清洁。男员工头发不宜过长，不准蓄胡须；女员工不得蓬头垢面。

（6）指甲不能太长，要经常注意修剪。女性职员涂指甲油要尽量用淡色。

（7）胡子不能太长，应经常修剪。

（8）女员工淡妆上岗，应给人清洁健康印象，不得浓妆艳抹，不宜用香味浓烈的香水。

（9）保持口腔清洁，上班前不准喝酒或吃带有异味的食品。

（10）出席重大会议或重要约会，男员工应着衬衣西裤，打领带；女员工应着套装或套裙。

二、办公室礼仪

办公室礼仪非常重要，它是公司形象的集中体现。高雅的办公室礼仪有助于我们提高工作效率，发挥自我才能。

（1）服饰协调，以体现精明强干为宜。切忌穿背心、短裤、拖鞋，也不适合赤脚穿鞋。

（2）讲究礼貌，学会使用“您好”“早安”“再会”之类的问候语。同事之间应以姓名相称，不能称兄道弟，更不能乱叫绰号，最好不要在大庭广众前开玩笑。

（3）男士对女同事要尊重，不能同她们拉拉扯扯，打打闹闹。社交场所中的“女士优先”原则不适宜在办公室使用。

（4）行为要多加检点，不应在办公室里吸烟，不应当众化妆，如一定需要，则应去适当的场所。

（5）办公时间不能看书报、吃零食、打瞌睡，不要长时间占用办公电话进行私人交流，不要坐在办公桌上或将腿翘到办公桌上。

（6）去别的办公室拜访要注意礼貌，经过许可，方可入内。切莫乱动别人的东西，最好坐在别人指定的位置上。逗留时间不应太长，以免影响他人工作。

（7）不要到处游荡，不要与同事谈论薪水、职务升降或他人隐私。遇到麻烦事，要首先报告顶头上司，切莫诿过不报或越级上报。

（8）要做到公私分明，不要将公司物品带回家，也不要未经许可私用公车。

（9）召开办公室工作会议时要认真倾听上司及同事的发言，并做好记录，不要随意打断别人的话语。本人发言时要简明，切忌拖泥带水。

（10）谦虚谨慎，说话要有根有据，不要信口开河，以免带来不必要的麻烦。

三、办公场所的修饰礼仪

办公场所最先修饰的应该是办公桌。办公桌是办公的集中点，是进入办公室办理公务的人员注意力最为集中的地方，办公桌摆放好了，办公环境就确立了一半。

（1）办公桌案头不能摆放太多的东西，只摆放需要当天或当时处理的公文，其他书籍、报纸不能放在桌上，应归入书架或报架。招待客人的水杯、茶具应放到专门饮水的地方，有条件的应放进会客室。文具要放在桌面上，为使用便利，可准备多种笔具：毛笔、自来水笔、圆珠笔、铅笔等，笔应放进笔筒而不是散放在桌上。

（2）书架应靠墙摆放，这样比较安全。如果办公室里有沙发，最好远离办公桌，以免谈话时干扰别人办公。茶几上可以适当摆放装饰物如盆花等。

（3）办公室办公人员比较多，可不特别进行修饰。但要做到窗明几净。窗玻璃应该经常擦洗，书架的玻璃门要保持洁净、透明。办公室的门不应该关闭过紧，以免来访者误以为没人在，也不能用帘布遮挡。

（4）办公室是公众场所，没经允许，主人和客人均不得吸烟或高声喧哗。出入要轻手轻脚。

（5）电话机要经常清理，用专用消毒液进行擦洗，不能粘满尘土和污垢。一个办公室是否清洁，电话机是一个重要指标。接电话时声音要小，不能高声喊叫，以免影响他人。

（6）办公室堆积废弃物会影响观瞻，给来访人以脏乱差的印象，要经常清理办公室里的废弃物。

（7）办公室的地面要保持清洁，地板或水泥地面要常清扫、擦洗，地毯要定期吸尘，以免滋生寄生虫、尘螨。窗户要经常打开换气。

（8）办公室的墙切忌乱刻乱画，不能在办公室的墙上记录电话号码或张贴记事的纸张。墙面可悬挂地图和与公司有关的图片。

（9）宽敞的办公室可以放置盆花，可以选用以绿色为主的植物。绿色植物是装点办公室的主要材料，绿色可以给人舒适的感觉，可以调节人的情绪。

（10）花盆的泥土不能有异味，肥料要经过精选。有异味的肥料会引来苍蝇或滋生寄生虫，反而会给办公室带来污染。

四、传真机/复印机的使用礼仪

（1）按先后顺序使用。

（2）不要发私人传真。

（3）纸用完，应加纸，给别人或下次使用提供方便。

（4）出现问题，应处理完毕后再离开，或者叫别人修理，不要出现问题就一走了之。

（5）传真/复印完毕，拿走原稿，以免泄密。

（6）注意节约纸张，尽量采用双面打印文稿，打印错的纸张背面可以当成草稿纸使用。

（7）共用电脑必须正确使用。

（8）注意保养电脑，使用完后应杀毒。U 盘务必先杀毒，后使用。以免病毒感染电脑，影响正常使用。

（9）注意文件保密，不要偷看别人文件。不该看的不要看，不该听的千万不要听，以免给自己带来麻烦。

（10）不要在工作时间玩游戏、聊天、长时间看新闻或登录不健康网站。

（11）注意关机。

（12）不要删除电脑内置文件。

五、网络礼仪

随着信息技术的不断发展和电脑应用的普及，网络在人类的生产、生活中扮演着越来越重要的角色。在我国，网络已逐渐成为基层公务员执行公务时所使用的一种高效便捷的基本工具。各级行政机关的办公现代化与网络化已是大势所趋。

所谓网络，就是将多台计算机连接在一起，使各用户之间能通过电子邮件、数据库和其他共享方式得到更好的通讯与交流。网络可分为局域网和广域网两大类，人们熟知的因特网就属于广域网。

网络本质上是一种无形的联系，是不同的电脑用户进行信息共享、通讯与交流的渠道。任何人在使用网络的时候都会直接或间接地影响他人对网络的使用。因此，人们在使用网络时必须遵守一定的网络规则。这些网络规则，就是网络礼仪。

礼节一：记住人的存在

互联网给予来自五湖四海的人们一个共同的地方聚集，这是高科技的优点，但往往也使得我们面对着电脑银屏忘了我们是在跟其他人打交道，我们的行为也因此容易变得更粗劣和无礼。因此，网络礼仪第一条就是“记住人的存在”。如果有些话你当着面不会说，那在网上也不要说。

礼节二：网上网下行为一致

在现实生活中大多数人都是遵法守纪的，同样，在网上也应如此。网上的道德和法律与现实生活是相同的，不要以为在网上与电脑交互就可以降低道德标准。

礼节三：入乡随俗

同样是网站，不同的论坛有不同的规则。在一个论坛可以做的事情，在另一个论坛可能不宜做。比方说在聊天室打哈哈、发布传言和在一个新闻论坛散布传言是不同的。最好的建议：先爬一会儿墙头再发言，这样你可以知道坛子的气氛和可以接受的行为。

礼节四：尊重别人的时间和带宽

在提问题以前，先自己花些时间去搜索和研究。很有可能同样问题以前已经问过多次，现成的答案张口就来。不要以自我为中心，别人为你寻找答案需要消耗时间和资源。

礼节五：给别人留个好印象

因为网络的匿名性质，别人无法从你的外观来判断，因此你一言一语成为别人对你印象的唯一判断。如果你对某个方面不是很熟悉，找几本书看看再开口，无的放矢只能落个灌水王帽子。同样，发帖以前仔细检查语法和用词。不要故意挑衅和使用脏话。

礼节六：分享你的知识

当你提了一个有意思的问题而得到很多回答，特别是通过电子邮件得到后，你应该写份总结与大家分享。

礼节七：平心静气地争论

争论与大战是正常的现象。要以理服人，不要人身攻击。

礼节八：尊重他人的隐私

别人与你用电子邮件或私聊（ICQ/QQ）的记录应该是隐私的一部分。如果你认识某个人用笔名上网，在论坛未经同意将他的真名公开也不是一个好的行为。如果不小心看到别人打开的电脑上的电子邮件或秘密，你不应该到处传播。

礼节九：不要滥用权力

管理员版主比其他用户有更多权力，他们应该珍惜使用这些权力。游戏室内的高手应该对新手枪下留情。

礼节十：宽容

我们都曾经是新手，都会有犯错误的时候。当看到别人写错字，用错词，问一个低级问题或者写篇没必要的长篇大论时，你不要在意。如果你真的想给他建议，最好用电子邮件私下提议，人都是爱面子的。

六、电子邮件礼仪有哪些？

（1）在寄信前，检查收件人的邮件地址，确信邮件不会给收件人带来不便。

（2）每天检查新邮件并尽快回复。

（3）回复信件时适当附上原文，以便收件人能很快知道来信主旨。

（4）每一封信都要标明一个主题，主题要明确、清晰，能准确说明信的内容。

（5）正确简短地书写邮件，而不要加入过多无谓的感情词语。电子邮件也要遵守商业信函的写作，邮件能清晰、准确表达即可。

（6）当把信件发往多个邮件地址时，最好分别发送。

（7）不要不经对方同意发送广告邮件，即使你确信这封信能为其带来益处。

（8）不要发送淫秽、暴力等非法内容。

（9）正确使用电子邮件列表。一是不要发送全是广告的信件到他人的信箱。二是不要擅自把他人的邮件地址加入到邮件列表。三是在发送的邮件中要标明如何快速取消订阅。四是如果必须发送邮件到他人的邮箱里，请标明道歉的词句，尽管如此也避免不了别人的厌恶。五是发送较大的邮件要先进行压缩，以减少对他人信箱空间的占用。

第二节　在办公场所如何与他人相处

一、如何拥有好人缘

（一）完善自我

影响人际关系的主要因素不是个人的言辞和技巧，而是自身完整的人格和具有的良好品德基础。

想一想你在对待同学、朋友时，是否做到尊重、礼貌、友好 、诚实、关心和信守诺言。如果你所扮演的是一个自命不凡的角色，那你的人际关系必然紧张，因为任何人都不愿和一个虚伪、冷漠、不负责任的人打交道。一个人的内涵比言辞更能影响到人际关系。处世技巧再高明，话说得再动听，没有充实的内涵，也很难得到人们的信任，就像没有播种却期望得到收获一样。

（二）站在对方角度看问题

我们常喜欢根据自己的经验来指导别人和认为别人有同样的需要。在与人打交道时，更多的是盯住别人的缺点和引起自己不快的环境，而不是从自身找原因。

（三）真诚是打开心灵的钥匙

真诚是建立人与人之间信任的基础，在做了错事或给别人带来不便、烦恼时，诚恳地道歉也是真诚的一种表现。这话说来容易，但如果你是一位领导，做起来也许会需要很大的勇气。此外，同样的错误不应重复，否则你的致歉也会被看作是不真诚的。真诚还体现了人格的统一，即以同样的原则对待所有的人。

（四）问题的出现是改善关系的机会

对待一些麻烦，我们习惯性地感到不耐烦，心情不愉快，但如果换一个角度看问题呢？

比如：一个员工向领导提意见，领导不应恼火，而应表现出一种积极解决问题的态度和行为，这不仅会密切与这个员工的关系，其他员工也会从中得到安全感和信任感。

最后提醒您，建立良好的人际关系，或改善目前不尽如人意的人际状况，不是一朝一夕的事。打破多年来形成的思维模式也许是痛苦的，但如果你勇于尝试，随着时间的转移，就会惊喜地发现，一个新的自我和一种新的人际关系已经出现。

二、同事之间相处的礼仪

如果同事之间关系融洽、和谐，人们就会感到心情愉快，有利于工作的顺利进行，从而促进事业的发展，反之，同事关系紧张，相互拆台，经常发生摩擦，就会影响正常的工作和生活，阻碍事业的正常发展。

处理好同事关系，在礼仪方面应注意以下几点：

（一）尊重同事

相互尊重是处理好任何一种人际关系的基础，同事关系也不例外，同事关系不同于亲友关系，它不是以亲情为纽带的社会关系，亲友之间一时的失礼，可以用亲情来弥补，而同事之间的关系是以工作为纽带的，一旦失礼，创伤难以愈合。所以，处理好同事之间的关系，最重要的是尊重对方。

（二）物质上的往来应一清二楚

同事之间可能有相互借钱、借物或馈赠礼品等物质上的往来，但切忌马虎，每一项都应记得清楚明白，即使是小的款项，也应记在备忘录上，以提醒自己及时归还，以免遗忘，引起误会。向同事借钱、借物，应主动给对方打张借条，以增进同事对自己的信任。有时，出借者也可主动要求借入者打借条，这也并不过分，借入者应予以理解，如果所借钱物不能及时归还，应每隔一段时间向对方说明一下情况。在物质利益方面无论是有意或者无意地占对方的便宜，都会在对方的心理上引起不快，从而降低自己在对方心目中的人格。

（三）对同事的困难表示关心

同事的困难，通常首先会选择亲朋帮助，但作为同事，应主动问讯。对力所能及的事情应尽力帮忙，这样，会增进双方之间的感情，使关系更加融洽。

（四）不在背后议论同事的隐私

每个人都有“隐私”，隐私与个人的名誉密切相关，背后议论他人的隐私，会损害他人的名誉，引起双方关系的紧张甚至恶化，因而是一种不光彩的、有害的行为。

（五）对自己的失误或同事间的误会，应主动道歉说明

同事之间经常相处，一时的失误在所难免。如果出现失误，应主动向对方道歉，取得对方的谅解；对双方的误会应主动向对方说明，不可小肚鸡肠，耿耿于怀。宽容别人的人，也容易得到他人的谅解。

三、与上司相处的礼仪

要点：理解，人人都有难念的经；保持距离；不卑不亢。

（1）要感情上高度尊重和组织上服从，而不是表面上谦恭和服从。

（2）工作上，下级要自觉服从上级的正确领导和指挥。

（3）在领导遇到困难时，下级应协助解决，而不能拆台。

（4）领导不了解情况时，要帮助他们了解情况，辅佐工作。

（5）当领导和群众有矛盾时，要积极从中调解、解释。做到大事化小，小事化了。

（6）如果与领导发生意见分歧，不要当面顶撞领导，而应从尊重领导、维护领导威信的角度出发，婉转地表达自己的意见和看法。

（7）如果遇到不关心下级、以权压人，甚至给人“穿小鞋”的领导时，也不要消极怠

工或到处发泄。工作要正常地完成。

（8）学会在矛盾激化时化解矛盾。

四、领导对下属的礼仪

（1）尊重下属的人格。下属具有独立的人格，领导不能因为在工作中与其具有领导与服从的关系而损害下属的人格，这是领导最基本的修养和对下属最基本的礼仪。

（2）善于听取下属的意见和建议。领导者应当采取公开的、私下的、集体的、个别的等多种方式听取下属的意见，了解下属的愿望，这样既可提高领导的威信，又可防止干群关系的紧张。

（3）宽待下属。领导应心胸开阔，对下属的失礼、失误应用宽容的胸怀对待，尽力帮助下属改正错误，而不是一味打击、处罚，更不能记恨在心，挟私报复。

（4）培养领导的人格魅力。作为领导，除拥有权力外，还应有自己的人格魅力，如良好的形象、丰富的知识、优秀的口才、平易近人的作风。

（5）尊崇有才干的下属。领导不可能在各方面都表现得出类拔萃，而下属在某些方面也必然会有某些过人之处。作为领导，对下属的长处应及时地给以肯定和赞扬。如接待客人时，将本单位的业务骨干介绍给客人；在一些集体活动中，有意地突出一下某位有才能的下属的地位；节日期间到为单位做出重大贡献的下属家里走访慰问等，都是尊重下属的表现。这样做，可以进一步激发下属的工作积极性，更好地发挥他们的才干。相反，如果领导嫉贤妒能，压制人才，就会造成领导和下属关系紧张，不利于工作的顺利开展。

五、组织的团队精神

对管理者而言，真正意义上的成功必然是团队的成功。脱离团队，即使得到了个人的成功，往往也是变味的和苦涩的，长此以往，对公司是有害的。因此，管理者决策的制定与执行绝不是个人的勇往直前，孤军深入，而是带领下属共同前进。组织的团队精神包括以下四个方面：

（1）同心同德。组织中的员工相互欣赏，相互信任，而不是相互瞧不起，相互拆台，管理者应该引导下属发现和认同别人的优点，而不是突显自己的重要性。

（2）互帮互助。不仅是在别人寻求帮助时提供力所能及的帮助，还要主动地帮助同事。反过来，我们也能够坦诚地乐于接受别人的帮助。

（3）奉献精神。组织成员愿为组织或同事付出额外努力。

（4）团队自豪感。团队自豪感是每位成员的一种成就感，这种感觉集合在一起，就凝聚成战无不胜的战斗力。

六、自我检查

（1）头发是否干净整齐？

（2）衬衫、外套是否整洁？

（3）指甲是否过长，经常修剪？
（4）皮鞋是否光亮、无灰尘？
（5）清晨上班时是否相互打招呼？
（6）上班前5分钟是否已到座位上？
（7）在走廊内有无奔跑？
（8）是否佩戴胸牌？
（9）办公时有无窃窃私语？
（10）对办公用品和公共物品是否爱护？
（11）离开座位外出时，有无留言、告知去处？
（12）午休或下班时，有无整理办公台面？
（13）在茶水间、洗手间、走廊内有无站着闲谈？
（14）有无在办公室进食？
（15）有无向正在计算或写字的人发问？
（16）有无在办公室吸烟？
（17）公共物品有无谁使用谁整理？
（18）发现垃圾等杂物有无主动拾起？
（19）有无按职员手册的规定着装？
（20）下班时有无相互打招呼后才离开企业？

思考与练习

1. 在单位和科室如何讨他人喜欢？
2. 在单位和办公室怎样替他人着想？

参考文献

［1］岑玲．教师礼仪［M］．上海：华东师范大学出版社，2012．

［2］韩旭．大学生礼仪［M］．北京：人民邮电出版社，2010．

［3］袁林．现代大学生礼仪［M］．南昌：江西科学技术出版社，2006．

［4］君子．现代社交礼仪金典［M］．天津：天津科学技术出版社，2009．

［5］华阳．世界名人给你上的80堂礼仪课［M］．北京：金城出版社，2009．

［6］金正昆．教师礼仪规范［M］．北京：中国人民大学出版社，2010．